감사의 마음을 담아

＿＿＿＿＿＿＿＿＿＿에게 드립니다.

어서 와, 리더는 처음이지?

이 책 『어서 와, 리더는 처음이지?』는 어떤 팀을 만들 것인지에서부터, 어떻게 인
재를 뽑아 성장하도록 도울 것인지, 그리고 성과를 내기 위해 일과 시간을 어떻게
관리할 것인지까지, 리더로서 끊임없이 진지하게 고민해야 할 여러 주제를 다루고
있다. 오랫동안 기업 문화와 조직 관리, 리더십 코칭에 대해 연구하고 강연하고 글
을 써 온 이 책의 저자인 장영학 대표의 풍부한 지식과 경험이 이제 막 리더가 된,
그리고 곧 리더가 될 모든 이들에게 큰 도움이 될 것이다.

— 김봉진, 배달의민족 창업자, (주)우아한형제들 대표이사

저자는 IT와 빅데이터 전문가로 일하면서 사람의 심리와 문화에 오랜 관심을 가
지고 연구해 왔다. 기술과 사람에 대한 균형 잡힌 시각으로, 오늘날 리더들이 직면
하는 복잡한 문제들에 대한 통찰을 갖추고 있다. 이 책은 오늘날 리더들이 직면하
는 복잡한 문제들에 대한 통찰을 담고 있다. 외로운 자리에 있는 리더들이 고민을
토로할 곳이 마땅치 않을 때면 이 책을 꺼내어 읽어보길 권한다.

— 김성준, SK아카데미 리더십개발센터 매니저

나를 멀찍이 두고 찬찬히 들여다보게 해준 이 책을 후배들에겐 예습으로, 동료와
선배들에겐 복습으로 꼭 권하고 싶다. 이 책을 통해 나처럼 스스로의 모습에 부끄
러움을 느끼고, 물음을 갖고, 답을 얻기를 바란다.

— 문은호, SK텔레콤 기업문화센터 Cell 리더

공감할 만한 내용으로 가득한 책이다. 정작 작가 본인은 HR 전문가가 아니라는 겸양에도 불구하고 전문가들이 귀 기울일 만한 내용이 적지 않다. 자칫 복잡할 수 있는 내용을 쉽게 풀어 써서 마치 친구가 옆에서 조근조근 설명해주는 듯한 느낌은 덤이다.

— 김성남, MERCER Korea 상무

PUBLY 베스트셀러 콘텐츠 '수평적 조직문화 파헤치기'의 저자 장영학 님은 나에게 리더십 분야의 명저, 레이 달리오가 쓴 『원칙』의 존재를 처음 알려준 분이다. 한국 고유의 비즈니스 환경에서 필요한 리더십과 조직문화에 대한 지적 갈증이 깊어질 무렵, 때맞춰 등장한 이 책이 무척 반갑다. 3040세대 젊은 리더들, 그리고 리더가 되고자 하는 분들께 특히 권한다.

— 박소령, PUBLY CEO

이 책이 진작 출간되었더라면! 솔직히 고백하건대, 나는 '8퍼센트'를 창업하면서 처음 리더의 역할을 경험했다. 이 책을 읽으며 내가 몸소 겪은 수많은 시행착오를 복기할 수 있었고, 당장 적용할 만한 몇 가지 리스트를 만들어두었다. 이 책을 모든 스타트업 종사자들에게 강추한다. 적은 인원으로 운영하며 빠르게 성장하는 스타트업에서 일하다 보면 갑작스레 리더를 맡는 일이 반드시 생긴다. 이 책은 당신이 겪게 될 상황을 '미리보기'로 볼 수 있고, 바로 적용할 수 있는 실제적인 가이드를 제공해준다. 게다가 누구나 쉽게 읽을 수 있는 책이다!

— 이효진, 8PERCENT CEO

어서 와,
리더는 처음이지?

리더가 된 사람들을 위한 일과 사람 고민 이야기

장영학 지음

책벗

'막 리더가 된', 그리고
'곧 리더가 될' 모든 이에게

김봉진 | 배달의민족 창업자, (주)우아한형제들 대표이사

'배달의민족'을 창업한 지 어느덧 8년, 요즘 들어 부쩍 기업문화와 구성원에 대한 고민이 많습니다. 2010년 5명으로 시작한 회사가 50명, 500명을 넘어 이제 800명이 넘는 작지 않은 조직으로 성장했습니다. 올해는 1,000명을 돌파할 것으로 보입니다. 앞으로는 수천 명으로 늘어갈 테지요.

바깥에서 보기에 다소 독특해(?) 보이는 저희만의 문화를 소중하게 가꿔왔지만 대표이사로서 지금처럼 고민이 된 때가 없습니다. 더 커진 몸집에 걸맞은 우리의 문화를 담을 '새로운 그릇'을 어떻게 잘 만들어 갈 수 있을까 하는 것이지요. 초등학생 때 입던 옷을 청소년이 되어서도 입을 수는 없는 노릇이니까요.

최근 서점가 베스트셀러를 보면 '어떻게 일을 잘할까'의 전통적인 자기계발서보다는 인간에 대한 예의, 태도 그리고 관계를 다룬 책들이 더 많은 공감을 얻고 있는 것 같습니다. 최근 우리 사회의 '갑질' 논란, '미투' 운동 등 같은 시대를 살아가는 사람들의 가치관이 독서 트렌드에도 반영되는 것이겠지요.

기업도 하나의 사회입니다. 상사의 갑질, 직장 내 성희롱과 같은 일에 자유로울 수 없습니다. 최근 새로운 세대가 기업에 합류하면서 '리더 하기 힘들어졌다'고 말하는 사람을 종종 봐요. 연령대, 성별 등 서로 다른 배경을 가진 이들이 함께 팀을 이루고 무언가 공동의 목표를 달성해 가자면 이런저런 갈등이 없지 않겠지요. 바로 그렇기 때문에 어느 때보다 리더의 역할이 중요해지는 시기입니다. '어떤 리더십이냐'에 따라 결과는 크게 달라지기 때문이죠.

어느 사회에나 리더와 팔로워가 있습니다. 직장인 대부분이 언젠가 조직으로부터 리더 역할을 부여 받게 되지만 적지 않은 경우가 '준비 없이' 현실을 마주하게 됩니다. 팀장, 부서장 등 리더는 무엇보다 '일이 잘되게' 해야 할 의무를 부여 받죠. 하지만 일이 잘 진행되도록 하는 것은 구성원 간의 신뢰와 배려가 바탕이 되어야 합니다. 상사와 부하 직원, 동료 이전에 '인간 대 인간'으로서 기본적인 예의가 지켜져야 합니다. 건전한 리더십-팔로워십의 관계, 나아가 조직의 성과는 바로 그 바탕 위에서만 만들어질 수 있다고 생각합니다.

이 책 『어서 와, 리더는 처음이지?』는 어떤 팀을 만들 것인지에서부터, 어떻게 인재를 뽑아 성장하도록 도울 것인지, 그리고 성과를 내기 위해 일과 시간을 어떻게 관리할 것인지까지, 리더로서 끊임없이 진지하게 고민해야 할 여러 주제를 다루고 있습니다. 오랫동안 기업 문화와 조직 관리, 리더십 코칭에 대해 연구하고 강연하고 글을 써 온 이 책의 저자인 장영학 대표의 풍부한 지식과 경험이 이제 막 리더가 된, 그리고 곧 리더가 될 모든 이들에게 큰 도움이 될 것이라 믿습니다.

모든 경우에 다 들어맞는 '정답'이란 것은 있을 수 없겠지요. 결국 '좋은 리더'란 어떤 모습일지 끊임없이 고민하고 부딪혀 나가는 것만이 유일한 길이라 생각합니다. 그 답을 찾는 과정에서 이 책이 유용한 길잡이가 되었으면 합니다.

■ **차례**

2장. 사람에 대한 모든 고민들

3장. 일과 시간 관리

1. 직무 설계 : 성과를 내는 구조 만들기

2. 잡 크래프팅 : 일에서 의미 찾기

3. 조직을 말려 죽이는 마이크로매니저

리더는 저절로 되지 않는다

어느 날, 강연 요청이 들어왔다. 브런치의 글을 보고 어느 스타트업에서 연락이 온 것이다. 그렇게 이십 대 중반으로 보이는 담당자와 삼십 대 초반으로 보이는 팀장을 코엑스의 한 커피숍에서 만났다.

이야기를 듣다 보니 원하는 강연 내용이 특이했다. 대개의 강연 요청은 조직문화에 대한 것인데, 이번엔 특이하게 '대기업에서는 어떻게 일하는지' 강의해주면 좋겠다는 것이다. 직원 평균연령 28세, 팀장들도 평균 연령이 30대 초반인 이 회사는 설립한 지 3년 만에 수백억 원의 매출을 올리는 강소기업으로 급성장했다. 문제는 '돈 버는 동아리' 같은 기업의 분위기였다. 팀장들도 리더가 무엇을 해야 하는지, 어떻게 직원들을 관리해야 하는지 혼란스러워했다.

문득 내가 처음 부서장이 되었을 때가 떠올랐다. 2014년 4월, 중국

이랜드의 인하우스 컨설팅(이자 인재 파이프라인[1]) 부서의 장을 맡았다. 원래는 컨설팅 1팀의 팀장이었으나 전임 부서장이 천억 원대 브랜드를 책임지는 브랜드장으로 이동하게 되면서 80여 명 되는 부서 전체를 맡게 되었다.

아직도 그때의 당혹감을 생생히 기억한다. 해왔던 대로 팀원들의 컨설팅 프로젝트를 이끌면 되겠지 하는 생각도 잠시, 내 일정은 회사 내 리더들을 만나서 무슨 프로젝트가 필요한지 듣는 것으로 채워졌고, 나머지 시간들은 서툰 중국어로 직원들을 면담하는 것으로 채워졌다. 원래 생각대로 팀원들의 프로젝트를 리뷰할 시간은 거의 나지 않았다. 엎친 데 덮친 격으로 부서장이 되자마자 회사의 필요로 인해 거의 절반 가까운 직원들을 다른 부서로 전출시키거나 회사에서 내보냈어야 했다(파이프라인 부서의 운명이다). 처음 경험해 보는 상황에서 오는 당혹감은 상당했다.

어느 주말에 커피숍에서 책을 읽다 퇴사하겠다는 메일을 받기도 하고, 하루는 꿈에서 팀원이 퇴사를 신청해 상무님께 보고할 일을 고민하다가 잠에서 깬 적도 있다. 그 시기를 그럭저럭 견디자 40여 명의 신입사원이 입사했다. 중국인의 이름은 생경했다. 너무 어려워서 입사

---

1 일반 공채보다 더 높은 스펙의 직원들을 뽑아서 회사에 적응시킨 후 타 부서로 발령하는 역할을 하는 부서다. 채용은 별도의 채널로 이루어지며, 보상과 복지도 다른 직원들보다 대개 높다.

자의 사진과 이름의 병음이 쓰여 있는 바인더를 들고 다니며 외웠다. 어느 지역 출신인지, 누구와 사는지, 무엇에 관심 있는지 파악하려 허덕거렸다. 이후로도 리더로 있는 동안 누굴 뽑아야 하는지, 누굴 리더로 세워야 하는지, 어떤 제도와 조직문화를 만들어 갈지 고민이 계속됐다.

스타트업 기업의 강연 요청 덕분에 그때의 기억들을 떠올리면서, 처음 리더가 되어 당황하고 있을 이들을 위해 책을 써아겠다고 다짐했다.

우리는 어린 시절부터 의무교육 시스템을 착실하게 따르다 얼떨결에 '직장인'이 된다. 신입사원 시절에는 긴장감에 사수가 부를 때마다 딸꾹질이 날 지경이지만, 그렇게 몇 년을 버티다 보면 사회생활에 그럭저럭 적응한다('존버'라는 시쳇말이 그냥 나온 말이 아니리라). 아직도 연차에 따라서 승진하는 곳이 많기에 버티다 보면 대리, 과장, 차장 승진을 하게 되고, 조직마다 시점은 다르겠지만 어느 순간 '부하직원'이 생긴다. 이 책은 남이 시키는 일을 하던 사원을 거쳐 이제는 누군가에게 일을 맡겨야 하는 '리더가 되어야 하는 순간'에 맞닥뜨린 사람들을 위한 책이다.

신입사원 시절이 생각나는가? '회사 일'을 처음 배우며, 복잡한 엑셀 함수를 외우며, 발표가 아닌 '보고'를 위한 PPT문서를 처음 만들며 어떤 느낌이 들었는지 기억하는가? 내가 기억하는 느낌은 '왜 학교에서 이런 것을 안 가르쳐줬지?'였다.

　나는 직장생활에 대한 막연한 두려움이 있었다. 어쨌든 학생은 학교에 돈을 내고 다니는 것 아닌가? 그런데 직장인은 남의 돈을 받으며 일하는 것이니, 도대체 얼마나 완벽하고 수준 높게 일을 해야 월급이란 것을 받아볼 수 있을까 두려웠다(군대는 나의 이 두려움을 극복하게 도와줬는데, 도대체 뭘 하는지 모르겠지만 월급은 꼬박꼬박 받아가던 사람들을 많이 보았기 때문이다). 전공 공부를 열심히 하면 직장생활도 잘할 수 있을 거라 막연히 믿었는데, 막상 일을 시작해 보니 대학 때 공부한 것 상당수는 현장에서 쓸모가 없었다.

　우리는 직장인이 된다는 것의 의미를 모르는 채, 한편 직장인이 될 준비가 되었다는 착각 속에 직장인이 된다. 문제는 이 착각이 당신이 리더가 될 때 똑같이 반복된다는 것이다.

　당신이 관찰하는 상사의 모습은 상사가 하는 일의 일부에 불과하다. 상사가 '당신의 일'을 관리하는 모습은 어느 정도 보고 배우더라도, '당신 그 자체'를 관리하기 위해 하는 노력은 그저 '저 사람은 남에게 관심이 많나 보다' 하고 지나갔을 공산이 크다. 또한 상사가 자신의 상사를 관리하기 위해 하는 일들은 당신의 감시망에 잡히지 않는다. 그런 상황에서 어깨너머로 상사의 직무를 구경하고 배운 우리는 리더가 해야 할 업무를 숙지하지 못한 채 무방비 상태로 리더가 된다.

　배우고 싶은 상사가 없을 수도 있다. 상사를 보면서 절대로 저렇게 되지 말아야지 생각하는가? 그렇다면 정신을 똑바로 차리기 바란다. 그런 사람들은 대부분 스스로 본인이 증오하던 존재가 되거나, 무능한 리더가 되어 비참한 최후를 맞는다. 그럴 수밖에 없다. 리더라면 성과를 내야 하므로, 무의식적으로 당신이 보고 배운 상사(당신이 증오하는 그 상사)를 따라 하거나, 착한 상사가 되는 대신 성과를 포기하기 때문이다.

요즘은 상사가 없는 조직도 많다. 앞에서 언급한 초기 스타트업 기업이 그렇다. 대학을 갓 졸업하거나 짧은 직장생활을 거친 소수의 인원이 모여 미친 듯이 일을 하고, 운 좋게 성과를 내어 기업이 성장해 인원이 늘다 보면 곧 '장'이 되고, 일을 시키고 사람을 관리하는 역할을 맡게 된다. 그런데 정작 리더를 해본 적도 없고 리더가 하는 일을 본 적도 없으니 막막할 뿐이다.

리더는 저절로 되지 않는다. 특정 나이가 되거나, 직장생활 몇 년차가 되었다고 마법처럼 당신 안의 리더십의 봉인이 풀려 모두가 존경하는 리더의 덕목을 갖추게 되는 일은 없다. 다만 리더십을 배울 수는 있다. 좋은 리더를 모시며 겪는 경험, 그리고 스스로가 리더가 되어 겪는 경험은 리더십을 기르기 위한 소중한 자산이다.

리더십에 대한 책을 읽는 것도 도움이 된다. 하지만 서점에 꽂힌 리더십 관련 책들을 보면서 선뜻 마음이 동하지 않을 때가 있다. 나이가 지긋한 대기업 임원이 노후 준비의 일환으로 쓴 것처럼 보이는 게 사실이기 때문이다. 책의 내용을 떠나서, 독자로서 우리 세대를 위한 책이 아닌 것 같아 부담스럽다는 의미다. 리더십이라는 주제 자체가 왠지 딱딱하고 심오하며, 젊은 사람이 이야기하기 무겁기 때문에 그런지싶다.

이 책은 이제 갓 팀원과 팀장의 경계를 넘으려 하는 젊은 리더들을위해 비슷한 처지에 있는 작가가 쓰는 책이다. 우선 나부터 만으로 서른넷에 이 책을 쓰고 있다(물론 서른넷도 누군가에겐 '꼰대'와 다름없는 나이겠지만). 운 좋게도 한때 80여 명의 직원들을 뽑고 관리하고 내보낸 경험을밑천 삼아, 나 자신도 아직 좌충우돌하는 상황에서 비슷한 사람들을위해 같이 고민해 보자는 의미로 이 책을 쓴다.

이 책은 조직문화, 사람, 관리, 총 세 개의 장으로 구성되어 있다.

1장에서는 리더로서 어떤 분위기의 팀을 만들 것인지 생각하려 한다. 이 글을 쓰는 지금 '미투 운동'과 '갑질' 뉴스가 한창이다. 나아지고있다지만 우리나라의 문화는 여전히 수직적이다. 수직적인 문화적 토양에서 리더로서 어떻게 팀원들과 소통하면 좋을지 같이 고민해 본다.

2장은 사람에 대한 고민이 담겨 있다. 리더가 팀원과 가장 다른 점은 남을 통해서 일해야 한다는 것이다. 그렇다 보니 인사팀이 아닌 이상 팀원일 때부터 사람을 고민해 본 경우는 거의 없고, 리더가 되고 나서야 우왕좌왕 시행착오를 겪는다. 채용, 배치, 평가, 피드백에 대해 살펴보는 동안, 팀원 한 명 한 명을 띠올리고 읽은 내용을 어떻게 적용할지 생각해 보면 도움이 될 것이다.

마지막 장은 일과 시간 관리에 대한 내용이다. 리더는 결국 성과를 내는 자리다. 대한민국은 근무 시간이 길고 생산성이 낮기로 유명하다. 정신없이 바쁜데, 성과는 지지부진한 조직이 넘쳐난다. 이제 부하 직원들을 관리해야 할 텐데, 어떻게 일을 맡길 것인가? 어떻게 관리할 것인가? 일을 잘하는 것과 일을 잘 시키는 것은 다르다. 남을 통해 효과적으로 일하려면 어떤 점들을 고려해야 할지 그동안 고민했던 포인트들을 정리해 보았다.

각 장의 말미에 내용을 정리하고 환기하는 의미로 '생각할 거리'를 부록했고, 본문 내용과 관련된 전문가와의 '상상 인터뷰'를 담았다. 주로 인용했던 논문이나 책의 저자들이다. 실제 인터뷰가 아니라 여러 참고자료에 기반을 두고 쓴 것이므로 저자의 가치관이나 사고방식을 미루어 짐작한 부분이 있다. 저자의 의견과 완전히 일치하지 않을 수 있음을 양해 바란다. 인터뷰 대상이 쓴 책, 언론 인터뷰, 유튜브(YouTube), 테드(TED) 등에 올라온 강연을 참고했다.

다시 한 번 말하지만 나는 수백 명을 관리해 본 은퇴한 임원이 아니고, 인사 관리 전문가가 아니며, 리더십과 조직 관리를 전공하는 교수도 아니다. 이 책은 증명된 이론을 담은 학술서가 아니라 좌충우돌, 고군분투한 십 년의 직장생활, 그동안 읽은 책들을 바탕으로 느낀 점을 쓴 것이다.

다만 내가 비슷한 연차의 다른 사람들과 차이가 있다면 몇 번의 이직을 통해 다양한 조직문화를 가진 작은 회사, 큰 회사, 아주 큰 회사를 거치며 여러 스타일의 리더들을 관찰해 왔다는 것이다. 어떤 리더가 어떤 가치관을 가지고 있는지, 그리고 그것이 업무와 소통에서 어떻게 드러나며, 조직의 성과에 어떤 영향을 미치는지를 쭉 관찰해 왔다. 이제 와 고백하자면 어떤 때는 일 자체보다 이러한 관찰에 더 관심을 두었는지도 모르겠다.

이러한 관찰을 나누는 이유는 이제 리더가 되어야 할 또래의 젊은 세대들에게 고민할 화두를 던지고 싶어서다. 첫 책을 내는 무명작가의 바람치고는 거창하지만, 이 책이 젊은 리더들이 리더십에 대해 고민하게 하는 하나의 트리거(trigger)가 되었으면 좋겠다.

1장

어떤 분위기의
팀을
만들 것인가?

직원들이 회의실보다 복도에서 진실을 얘기한다면,

경영자에게 문제가 있는 것이다.

– 에드 캣멀 · 에이미 월러스, 『창의성을 지휘하라』

한국 사회의 고질병,
위아래 따지기

자, 이제 당신은 리더가 되었다. 무엇부터 하고 싶은가? 나는 제일 먼저 팀의 분위기를 바꾸고 싶었다. 많이 바뀌고 있지만 우리 사회는 여전히 수직적이다. 수직적 조직문화의 근원은 어디일까? 이 질문에 대부분 군대를 꼽는다. 일부는 시대를 거슬러 올라가 장유유서(長幼有序)의 유교 문화를 꼽기도 한다.

나도 군대를 현역으로 다녀왔고, 수직적 조직문화의 원인은 군대의 상명하복이라 생각했다. 그러나 어느 날 뉴스에서 언급된 대학 선후배의 문자를 보고 군대가 원인이 아닐 수도 있다는 생각이 들었다.

수직적 조직문화의 원인이 군대라면 왜 아직 입대하지 않은 학생들이 저러는가? 게다가 왜 여성들만 모인 조직도 위아래를 따지는가? 일

> **하늘같은 선배**
> 니들 등교시간 시간표보다 1시간씩 일찍 와서 과대 선배들한테 전화로 출석해라
>
> **하늘같은 선배**
> 내가 말끝마다 다, 나, 까 붙이라고 몇 번 말했냐
>
> **하늘같은 선배**
> 너네들 다 집합시켜서 하루 종일 본관에서 애들 다 지켜보는 앞에서 PT 시킬 거니까

을 하며 디자이너의 세계를 조금 알게 되었는데, 그 동네야말로 '언니'들에게 끽소리도 못 한다. 희한한 건 한국 사람이지만 미국 시민권자인 사람들(군대에 안 다녀옴)도 한국에서 일할 때는 수직적인 모습을 보일 때가 있다. 외국인을 대하며 영어로 말할 때, 한국 사람들에게 한국어로 말할 때의 태도가 다르다.

군대는 수직적 조직문화의 근본 원인이 아닌 것 같다. 다만 군대는 수직적 문화를 극대화시키는 최적의 환경일 뿐이다.

결국 친구가
되지 못했던 우리

중국에서 일하던 시절에 아끼는 직원이 있었다. 동기들 중에서도 눈에 띄는 친구였다. 좋은 평가와 함께 승급도 빨랐지만 비전과 커리어 문제로 결국 퇴사했다. 퇴사 후에도 두어 번 만나서 같이 식사를 했는데, 나에게 '친구' 하고 싶다고 했다. 중국에서는 나이 차이가 어느 정도 나더라도 자연스럽게 서로 친구가 되는 경우가 많다. 나도 그러고 싶었지만 결국 우리는 친구가 되지 못했다. 내 머릿속에는 '여섯 살 어린' 친구라는 개념이 없었기 때문이다.

우리나라 사람들에겐 '나와 비슷한 레벨의 사람'의 범위가 너무 좁다. 왜일까? 내 생각에 수직적 조직문화의 근본 원인은 존댓말이다. 한국어만큼 언어 전반에 높임과 낮춤의 개념이 배어 있는 언어도 드물다. 직접 체험하고 싶으면 평소에 존댓말을 쓰는 사람과 영어로 한번 대화해 보길 권한다. 이야기하는 자세부터 바뀔 것이다.

중학교 때부터 한 학년만 차이가 나도 존댓말을 쓰도록 강요당한다. 군대에서도 한 달 단위로 선임과 후임이 나뉘며, 회사에 들어가도 동기는 정말 동시에 입사한 사람들만 동기일 뿐이다. 어떤 조직에 있든 그 조직에서 나와 수평적 관계에 있는 사람은 극소수이고, 나머지는 전부 내 위거나 내 아래다. 어렸을 때부터 이런 관계 속에서 살다 보니, 누군가를 만나면 그가 나보다 연배가 위인지 아래인지 정리되어야 편하게 대화할 수 있다. 연배가 다른 사람끼리 갑자기 '수평적'으로 지내라고 하면 난감한 상황이 연출된다.

같이 일하던 부장님이 있었다. 학부를 한국에서 졸업하고 미국에서 박사학위를 딴 뒤에 미국에서 십여 년을 일하다 2~3년 전 한국에 귀국한 분이다. 이분과 조직문화에 대한 대화를 하다가 인상 깊은 이야기를 들었다. 한국 사람들은 윗사람에게 아무 말도 못 하다가 수평적으로 지내자고 하면 갑자기 대든다, 수평적으로 지내자고 한 것뿐인데 수평적인 것과 대드는 것의 차이를 잘 모르는 것 같다, 의견을 내보라고 해서 의견을 냈는데 그것이 받아들여지지 않으면 자기 의견이 잘못된 것이 아니라 '수직적' 문화라서 자기 의견이 무시되었다고 생각한다, 눈을 마주치고 이야기하자고 하면 눈을 마주치는 것이 아니라 노려보는 것 같다고. 우리는 윗사람과 수평적으로 지내는 것이 익숙하지 않기에 공감이 됐다.

요즘도 중학교에 들어가면 한 살 위 선배들에게 존댓말을 써야 하는지 모르겠다. 마음 같아서는 전 국민 캠페인을 벌여서라도 적어도 위아래 세 살 정도까지는 서로 반말을 쓰자고 하고 싶다. 어릴 때부터 한 살 차이도 위아래가 있다고 세뇌당하고 자란 사람들에게 다 커서 수평적으로 소통하자고 하는 것은 굉장히 어색한 일이다.

최근엔 여러 회사들에서 직급을 부르지 않고 서로를 '님'으로, 혹은 영어 이름으로 부르는 움직임이 있는데, 여전히 부하는 상사에게 존댓말을 쓰고 상사는 부하에게 반말을 쓰는 상황이라면 아무것도 바뀌지 않는다. 호칭뿐 아니라 모든 사람이 모든 사람에게 존댓말을 쓰는 환경(아니면 모두가 서로 반말하거나)에서만 수평적인 소통이 이루어질 수 있다.

소통을 가로막는
상사의 리액션

회사에서 듣고 싶지 않은 또 다른 말은 "아, 됐고", "내가 맞다니깐"이다. 나에게 하는 말이 아니라 제삼자에게 하는 말이어도 듣기 거북하다.

물론 어떤 일을 오래 하다 보면 경험이 생기고, 경험이 쌓이면 직관이 된다. 상사는 정보가 충분하지 않은 상태에서도 부하보다 더 좋은 결정을 내릴 수 있을지 모른다. 그렇지만 부하직원의 말을 중간에 끊으면서 무안을 주는 것은 옳지 않다. 당신이 맞을 수 있지만, 언젠가 당신이 틀렸을 때도 부하직원은 아무 말 못 할 것이기 때문이다. 누구 말이 맞는지는 일단 말을 다 듣고 이야기하자. 한국말은 끝까지 들어봐야 안다.

당신은 부하직원과 눈을 마주치고 대화하는가? 우리나라 사람들은 늘 윗사람 앞에서 '눈을 깔고' 살아와서 눈을 마주치고 이야기하는 것에 익숙하지 않다. 외국에서는 눈을 맞추고 이야기하시 않으면 신뢰에 영향을 미친다. 중국에서 근무할 때 인상 깊었던 점 중 하나는 신입사원도 당당하게 윗사람의 눈을 보며 이야기한다는 것이었다.

나도 한국 사람인지라 습관적으로 눈을 마주치지 않고 이야기할 때가 많다. 노트북을 쳐다보면서 자기 할 일 하면서 옆 사람과 대화를 한다거나 핸드폰을 만지작거리면서 이야기한다. 눈을 마주치지 않고 이야기하다 보면 미묘한 비언어적 신호들을 놓치게 되고 같은 말을 하더라도 서로 오해할 여지가 커진다.

조직 생활을 하다 보면 실무자가 무슨 말을 해도 듣지 않는 상사가 있다. 자신의 경험과 직관에 의존하고, '네가 모르는 무언가'가 있으니 그냥 시키는 대로 하라는 식이다. 그런 사람을 만나면 어떻게 하면 좋은지 조언해준 사람이 있는데, 일단 시키는 대로 해서 그게 불가능하다는 것을 보여준 다음에 원래 생각했던 대로 하라는 것이다.

곰곰이 생각해 보면 참 바보 같은 짓이다. 일단 회사는 무슨 죄인가? 시키는 대로 하는 동안 회사의 자원이 낭비되고 내 시간과 월급이 낭비되고 상사의 시간도 낭비된다. 그 모든 것이 말해도 듣지 않는 상사 때문에 일어난다. 시키는 대로 해서 그게 안 된다는 것을 보여주면 순순히 자신의 잘못을 인정할 것 같은가?

어떤 프로젝트 팀이 실행안을 만들어서 프로젝트 전체 일정이 어떻게 되는지, 그리고 언제까지 무엇이 결정되어야 하는지 윗선에 보고했다. 그런데 이분은 자기 마음에 안 드는 디테일을 계속 지적하면서 결정을 미루고 마일스톤(milestone, 프로젝트 관리)을 다 무시했다. 결국 의사결정이 지연되어 프로젝트에 큰 문제가 생겼다. 이 모든 문제의 원인이었던 그분은 '그 시점까지 의사결정이 이루어지지 않으면 어떤 문제가 생길 수 있는지에 대해 자기에게 말해주지 않았다'는 이유로 프로젝트 팀의 리더를 해고하고 자기는 아무 책임도 지지 않았다. 그런 상사 밑에서 일하는 사람은 어떻게 해야 하는가? 안타깝게도 뾰족한 수가 떠오르지 않는다. 마음 같아선 수단과 방법을 가리지 말고 다른 부서로 이동하거나 이직하라고 이야기하고 싶다.

내가 혹시 그런 사람은 아닌지 생각해 보자. 타인의 의견을 충분히 경청하는지 아니면 말을 끊는지. 부하직원들이 나에게 자신의 생각을 충분히 이야기하는지 아니면 내가 묻는 말에 단답형으로 대답하고 있는지. 만약 부하직원이 논리적으로 말은 되지만 내 직관에 어긋나는 의견을 이야기한다면 나는 어떻게 반응할지. 부하직원이 내 눈을 똑바로 쳐다보고 이야기한다면 그것 자체로 괘씸하게 여기진 않을지.

눈치 보는 팀원,
무례한 상사

　　　　　　　　　　많은 사람들이 원칙이 엄격한 회사를 자율적이지 않은 회사라고 생각한다. 사실은 그렇지 않다. 우리나라의 많은 회사들이 자율적이시 않은 이유가 회사의 과도한 원칙과 엄

격함 때문인가? 우리 회사의 원칙이 무엇인지 제대로 기억하는 사람이 몇이나 될까? 자율적이지 않은 회사의 특징은 원칙이 아닌데 지켜야 하는 것이 너무 많다는 것이다.

- 상사가 퇴근하기 전에는 자리에서 일어나지 않는다.
- 상사가 회식하자고 하면 선약을 취소하고 무조건 참석한다.
- 공식적인 팀 미팅 자리에선 절대 상사의 의견에 반박하지 않는다.
- 미팅할 때 임원들을 위해 생수병을 가져다 놓는다.
- 심지어 임원마다 생수 취향도 있다.
- 하다못해 점심 메뉴도 상사 눈치를 보며 고른다.

어느 회사도 이런 것을 원칙으로 지정하지 않는다. 그렇지만 문구로 적혀 있는 어떤 원칙보다도 칼같이 지켜진다. 원칙도 아닌데 눈치껏 지켜야 하는 것이 과도하다 보니 자율적일 수 없고 하루 종일 눈치만 보다가 끝난다.

이런 분위기가 심해지면 과다한 의전으로 흐른다. 높은 분들의 편의를 위해 아랫사람이 집사처럼 상사의 동선을 파악해서 온갖 것들을 챙긴다. 의전 또한 회사의 원칙은 아니다. 의전을 받는 사람, 하는 사람 모두 늘 그렇게 하다 보니 당연한 듯 생각할 뿐이다. 그래서 상사가 원하는 것을 시키지 않아도 알아서 하는 사람이 무섭다.

물론 상사가 챙기지 못한 일들을 알아서 챙기는 부하는 상사에게 이쁨받고 실제로 팀의 업무에도 도움이 된다. 하지만 업무에 필요하지만 미처 챙기지 못한 일이 아니라, 상사가 차마 말은 못 하지만 부하가 알아서 해줬으면 하는 일들은 어떨까?

그룹의 비리가 적발되어 총수가 수사를 받는다고 가정해 보자. 총수는 이렇게 말할 것이다. 나는 모르고, 경영진들이 알아서 한 일이라고. 국민들은 '그럴 리가 있나' 생각하지만, 나는 그럴 수도 있다고 생각한다. 총수가 말하지 않아도 총수가 원할 만한 일을 하는 사람들이 경영진에 있기 때문이다. 총수는 말할 필요가 없다. 당연히 시킨 적도 없다. 과도한 충성심의 결과일 뿐이다.

실적이 떨어지면 회장이 시키지 않아도 인사담당 인원이 알아서 임금을 동결하고 구조조정을 실시하겠다고 보고한다. 나중에 문제가 생기면 회장은 시킨 적 없다고 발뺌한다. 이처럼 윗사람의 눈에 들기 위한 과도한 충성은 조직을 병들게 한다.

갓 리더가 된 사람도 주의해야 한다. 처음 리더가 되었을 때는 그나마 모든 것이 조심스럽다. 그러다 알아서 내 눈치를 봐주는 사람이 생기면 왠지 그 사람을 편애하게 된다. 나 대신 다른 팀원에게 쓴소리하고 군기를 잡아주는 사람, 일정이나 귀찮은 행정 잡무를 챙겨주는 사람, 오후 서너 시쯤 눈이 감기려 할 때 '팀장님 커피 사다드릴까요?' 물어보는 사람에게 대접빋는 것이 익숙해지면 점점 자기가 그럴 만한 가치가 있는 사람이라 착각하게 되고, 남들이 자신을 떠받들길 요구하게 된다.

의전과 윗사람의 눈치를 보는 문화는 전염성이 있다. 자기 윗사람이 받았던 대접을 기억하면서 본인이 그 자리에 오른 순간 같은 대접, 혹은 그 이상을 아랫사람에게 요구한다. 그렇게 점점 아랫사람을 무례하게 대하게 된다. 직장 내 예의에 대해 20여 년간 연구해 온 미국 조지타운 대학교 경영학과의 크리스틴 포래스(Christine Porath) 교수는 '무례하게 굴지 않으려면 스스로를 돌보는 것부터 신경 써야 한다'라고 조언한다.[1] 본인이 스트레스를 받을수록 타인에게 함부로 하기 쉽다는 것이다. 너무 업무가 많은 것은 아닌지, 충분히 잠을 자면서 스트레스를 관리하는지 주의해야 한다. 자신의 행동이 무례한지 아닌지 스스로 살펴야 하고, 일기를 써서 자신의 행동을 돌아보는 것도 추천한다.

직급은 사람의 가치를 나타내는 지표가 아니다. 팀장이 되었다고 중세시대 귀족처럼 신분이 상승했다고 착각하면 곤란하다. 당신의 상사가 당신을 어떻게 대했든지, 그것이 당신의 행동을 정당화시켜 주지 못한다. 윗사람에게 받은 스트레스를 부하직원에게 풀지 말아야 한다.

---

1   한 조사에 따르면, 직장인 62퍼센트가 '한 달에 한 번 이상 무례한 행동 경험'을 했다고 한다. 예의를 갖추면 업무 성과도 높아진다. 이를 극대화시킬 수 있는 행동 규범이 필요하다. bit.ly/어서와리더는처음이지_01

성과 내는 팀은
심리적으로 안정되어 있다

구글(Google)은 스탠퍼드 대학교 대학원생들이 얼떨결에 창업한 기술 중심의 회사이다. 이 회사에는 사람운영(People Operation) 부서가 있는데, 부서장이 바로 『구글의 아침은 자유가 시작된다』를 쓴 라즐로 복(Laszlo Bock)이다. 하위 부서인 사람분석(People Analytics) 팀은 기존 경영학에서 상식처럼 받아들여졌던 여러 가설들을 실제 데이터로 검증하는 일을 한다. 이 팀의 모토는 이렇다. '구글의 사람과 관련된 모든 결정은 데이터에 기반을 두고 이루어져야 한다.'

구글의 창업자들은 엔지니어들에게 관리자가 필요하다는 것에 동의하지 않았기 때문에 관리자를 없앤 적이 있었다.[2] 그러자 회사에 많은 혼란과 문제들이 생겼다. 사람분석 팀은 회사에 관리자가 필요한지 데이터를 놓고 분석했고, 이를 산소 프로젝트(Project Oxygen)라 명명했다. 관리자가 마치 산소처럼 있을 때는 잘 모르지만 없어지면 문제가 생기는 존재가 아닐까 가정한 것이다.

결국 관리자가 필요하다는 결론이 났다. 구체적으로 말하자면 좋은 관리자가 있는 팀의 팀원들은 그렇지 않은 팀의 팀원보다 회사에 더 오래 남고, 혁신성, 일과 삶의 균형, 커리어 개발의 측면에서 더 만족한다는 것이다.[3]

후속 프로젝트로 사람분석 팀이 매달린 주제는 '성과를 내는 팀의 조건은 무엇인가'이다. 아리스토텔레스 프로젝트(Project Aristotle)로 이름 붙여진 이 프로젝트에서 찾아낸 다섯 가지 조건은 다음과 같다.[4]

① 심리적 안정감 : 팀원들은 리스크를 감수하고 자신의 취약점을 드러내도 안전하다고 느낀다

② 상호 의존성 : 팀원들은 정해진 시간 안에 맡은 일을 끝마치며,

---

2 rework.withgoogle.com/subjects/managers

3 bit.ly/어서와리더는처음이지_03

4 bit.ly/어서와리더는처음이지_04

· 어서 와, 리더는 처음이지?

구글의 높은 기준을 충족시킨다

③ 체계와 명확성 : 팀원들은 명확한 역할 분담과 계획과 목표가 있다

④ 일의 의미 : 팀원들은 맡은 일에 개인적인 의미를 부여하고 있다

⑤ 일의 영향 : 팀원들은 지금 하는 일이 중요하며 변화를 일으키는 것이라 믿는다

다섯 가지 조건 중 심리적 안정감이 가장 중요하다. 성과에 가장 큰 영향을 미치는 요소이기도 하고, 다른 조건들의 전제 조건이기 때문이다. 심리적 안정감은 당신이 리더로 일하는 데 어떤 영향을 미칠까?

당신은 곧
오해받을 것이다

처음 부서장이 되었을 때의 일이다. 나는 부서 내부의 팀장에서 부서장으로 올라온 케이스였다. 그래서 1팀뿐 아니라 나머지 두 팀의 직원들과도 이미 친하게 지내고 있었다.

전임자는 직원들과 의도적으로 약간의 거리감을 두는 사람이었다. 카리스마형까지는 아니지만 친구나 형 같은 이미지의 리더는 아니었다. 나는 직원들과 장난도 치고 일 외에 이런저런 이야기를 나누는 친근한 이미지의 리더였다. 부서장이 되어서도 직원들과 비슷한 관계를

유지하고 싶었다. 하지만 착각이었다. 나는 직원들을 같은 태도로 대했지만 직원들은 나를 예전처럼 대하지 않았다. 나에게 공식적인 인사권이 생겼기 때문이다.

리더가 되고 가장 힘든 것은 사람들의 오해다. 예전에는 '아~' 하면 '아~'라고 받아들였지만 이제는 아니다. '아~'를 '어~' 정도로만 받아들이면 다행인데 '어~제 팀장이 철수가 A를 받고 영희는 승진 못할 거라 그랬다더라' 소문이 돈다. 제도를 하나 바꿀라치면 새 제도에서 생길 수 있는 가장 안 좋은 부작용에 대해 수군거린다. 직원들을 위해서, 조직을 위해서 노력하고 있는데 직원들은 날 회사를 대표해서 직원들을 착취하는 사람처럼 바라본다.

픽사(Pixar)의 회장 에드 캣멀(Ed Catmull)은 말했다.[5]

고위 임원이 직원들에게 따돌림 당하는 현상은 인간의 자기보호 본능에 따른 결과로, 드물지 않은 일이다. 사람들은 상사를 대할 때는 격식을 차려서 얘기하고, 동료나 배우자, 치료사 앞에서는 솔직한 감정을 드러낸다. 그런데 너무도 많은 경영자가 이런 사실을 인식하지 못한다. (중략) 임원으로 승진하더라도 예전과 똑같이 직원들과 정보를 교환하고 있다고 착각하기 쉽다. 문제가 인식의 수면 밑으로

---

5   에드 캣멀·에이미 월러스 지음, 윤태경 옮김, 『창의성을 지휘하라』, 와이즈베리

잠복하지만, 정작 자신은 깨닫지 못한다.

조직에 공포가 존재한다면, 공포가 존재하는 이유가 있을 것이다. 경영자의 임무는 공포를 유발하는 원인을 찾아내고, 이해하고, 근절하는 것이다.

리더가 직원들에게 오해 받는 것은 피할 수 없는 현실이다. 그래서 더 자주, 더 많이 소통해야 한다. 조심해야 할 것은 직원들이 무슨 생각을 하는지 이해하고 있다고 착각하는 것이다. 당신은 직원들에게 솔직하게 이야기할 수 있지만 직원들은 그렇지 않다. 직원들이 하는 말이 전부라고 생각하면 그때부터 고립되기 시작한다. 직원들이 솔직하게 이야기할 수 있는 문화를 만들어 가되, 이야기하지 못한 진실을 읽어 내려 애써야 한다.

노측과 사측
그 사이에서

직원 편과 회사 편을 굳이 따지자면, 리더가 된 당신은 회사 측에 서서히 발을 담그고 있다. 회사에 마음에 안 드는 부분이 있을 때도 직급이 낮을 때는 끼리끼리 회사 험담을 하면 되지만 직급이 올라갈수록 입장이 애매해진다. 어느 순간이 되면 회사의 입장에서 직원들에게 아쉬운 소리를 해야 한다. 우리 팀이 꼭 하지 않아도 되는 일을 추가로 맡았다든지, 이번 주에는 회사 차원의 일로 주말 근무를 하게 됐다든지……. 직원들에게 회사의 필요를 대변해 주는 역할, 설득을 당하는 것이 아니라 설득하는 역할을 회사는 당신에게 기대한다.

내가 맡았던 부서는 인원수는 많으면서 직원들의 연차는 낮은 편이었는데, 그러다 보니 회사의 궂은일에 자주 동원되었다. 처음엔 회사 입장에서 이 일이 왜 필요한지 차근차근 설명했지만, 비슷한 일이 반복되니 나부터 짜증이 나고 구구절절 설명하기 귀찮아졌다. 나중에는 '사장님이 시키신 일이니 어쩔 수 없다, 좀 도와 달라'라는 식으로 넘어갔고, 팀의 사기는 날로 떨어졌다.

회사 측도 아니고, 직원 측도 아니면 결국 양쪽에서 욕을 먹는다. 사측의 결정을 따르기로 했다면 확실히 사측에 서는 것이 좋다. 회사가 시켜서 억지로 하는 것이지 나도 싫다는 태도는 인기 유지를 위한 발언일 뿐이다. 물론 언제 직원들의 편에 서야 하고, 언제 회사 쪽에 서야 하는지는 애매하고 일반화시키기 어려운 문제다. 다만 이도 저도 아닌 입장은 가급적 피하자는 것이다.

회사의 입장과 팀원의 입장이 엇갈릴 때가 있다. 누가 더 옳은지는 상황마다 다르겠지만, 중요한 것은 '팀원을 진심으로 대하는가'이다. 평소에 팀원들을 진심으로 대하고, 신뢰가 구축되어 있다면 회사의 입장과 팀원의 입장이 엇갈릴 때 어느 쪽으로 결론이 나든지 팀원은 당신을 신뢰하고, 필요하면 회사를 위해 희생할 것이다. 그런 신뢰가 없다면 팀원은 당신이 회사(혹은 자신)의 이익을 위해서 자신을 설득하려 든다고 여길 것이다.

리더가 생살여탈권을 쥐고 있다고 생각하는 한 직원들은 심리적으로 불안할 수밖에 없다. 그렇다면 리더 본인은 심리적으로 안정되어 있을까? 그렇지 않다. 위로 올라가면 올라갈수록 불안하다. 그리고 외롭다. 다른 사람이 대신 고민해줄 수 없기 때문이다. 무엇이 리더를 불안하게 할까?

조직을 변화시켜야 할 때
조직원들이 따라와 줄 것인가?

리더는 말 그대로 조직을 이끄는 사람이다. 어떤 경우에는 지금껏 굴러오던 궤도를 잘 유지하는 것으로 충분하겠지만, 미래를 위해 현재의 희생을 감수하고 조직을 변화시켜야 할 때가 있다.

컨설턴트 시절 고객사의 회장이 아버지로부터 회장 자리를 물려받은 지 몇 년 안 되었을 때의 이야기이다. 선대 회장 시절부터 임원이었던 그룹 경영진들이 공공연하게 "회장님이 설치지 말고 얌전히 있어야 하는데……."라고 이야기했다고 한다.

조직에서 직급은 전부이면서 전부가 아니다. 리더가 무언가를 변화시키려 해도 조직원들이 그것을 은근히 방해하는 방법은 수도 없이 많다(대놓고 방해하는 방법도 많다). 직급으로 찍어 눌러서는 진정한 체질 개선을 이룰 수 없다. 혁신이 잘 이루어지지 않는 이유는 변화가 싫어서가 아니라 저 상사가 하는 말이라면 뭐든지 다 해주기 싫은 부하들이 있기 때문이라는 이야기가 있다. 기대효과가 명확하고 심지어 그 방향성에 동의가 되더라도 그냥 발제자가 싫어서 온갖 핑계를 대고 반대한다는 것이다.

명시적인 권력(직급)과 암묵적인 권력(조직의 관습, 현재 상태를 유지하려는 힘)이 충돌할 경우 후자가 이기는 경우가 부지기수다. 리더는 사실은 직급이 낮은 사람들이 아니라 조직의 관성과 싸우고 있는 것이다.

듣고 싶은 말, 들어야 할 말

조직 내에 갈등이 생기면 구성원 모두가 영향을 받고, 무엇보다 리더가 가장 곤란하다. 그러다 보니 무조건 갈등을 피하려고 하는 경우가 있다. 미국에서는 이를 '방 안의 코끼리'라 표현한다.

방 안에 코끼리가 있으면 어떨까? 당연히 좁고 불편하다. 물건을 놓을 자리도 없고, 사람이 쉴 자리도 없어진다. 코끼리를 방에서 어떻게 내보내야 할지 잘 모르겠으니 아무도 이야기하지 않는다. 모두가 불편하지만 정작 코끼리 이야기는 안 하고 방 안에 다른 짐들을 줄여서 좀 더 공간을 효율적으로 쓸지 이야기하는 것이다.

어떤 중간 관리자가 심각한 마이크로매니저 성향이 있고, 그 사람 때문에 이미 팀의 여럿이 퇴사했는데, 어떻게 하면 좋은 인재를 채용할 수 있을지 논의하고 있다면 그 관리자가 코끼리다. 회사의 재무 상황이 좋지 않고 비즈니스 모델이 불명확하고 투자 받은 돈도 곧 바닥이 보이는데, 저번 주에 출시한 앱 기능의 개선점에 몰두해 있다면 비즈니스 모델이 코끼리다.

코끼리 이야기는 리더도, 조직원도 하기 싫다. 그러다 보니 코끼리를 언급하지 않는 것이 조직의 암묵적인 규칙이 된다. 누군가 코끼리의 존재를 언급하면 조직의 다른 구성원들은 갑자기 당황하면서 언급한 사람을 비난하고, 리더조차 코끼리 이야기를 하기 어렵게 된다.

방 안의 코끼리를 해결하지 않으면 다른 물건들을 아무리 옮겨도 문제는 해결되지 않는다. 리더는 듣고 싶은 말이 아니라 들어야 할 말을 해주는 사람이다. 리더는 신뢰를 관리해야지 인기를 관리해서는 안 된다. 혹시 본인이 방 안의 코끼리는 아닌지도 한번 생각해 보자.

모르는 것을 밝혀도 괜찮을까?

모든 것을 아는 사람은 없다. 자기

부서의 일이라도 담당하는 업무가 늘어날수록 세세하게 파악하기 어렵다. 기술이 워낙 빠르게 변하기 때문에 위로 올라갈수록 실무진에 비해 디테일한 지식은 뒤처질 수밖에 없다. 리더의 입장에서 부하직원보다 모른다는 사실을 밝히기 어려울 수 있다. 부하들에게 무시당할 것이라 생각하기 때문이다.

이런 태도가 오히려 역효과를 불러일으키는 경우가 있다. 리더가 잘 모르는 주제를 아는 척 이야기한다면 부하들은 뻔히 안다. 부하들은 앞에서는 비위를 맞추지만 속으로 무시하고 리더를 조종한다. 리더의 입장에서는 무식이 탄로 날 위기를 모면했다 싶겠지만 사실 부하 입장에서는 상사의 수준이 어느 정도인지 파악 끝난 것이다.

배움에는 높고 낮음이 없다. 배움은 자기가 모른다는 것을 밝히는 것에서 시작한다. 잘 모르는 상태에서 폼만 잡고 잘못 결정하는 것보다 모르는 것을 인정하고 부하들에게 제대로 배운 상태에서 결정하는 것이 조직에 이로울 것이다.

실무 지식을 잘 모르는 대신 회사 정보를 쥐고 있는 리더도 있다. 기술은 잘 모르지만 회사 내부의 정보들을 쥐고 있으니 자기 말을 잘 들어야 한다는 심보다. 이런 회사 내부의 정보, 즉 일의 맥락이 실무 입장에서는 매우 중요한 경우가 많다. 생각해 보면 리더는 맥락이 있는 대신 실무 지식이 없고, 실무자는 지식이 있는 대신 맥락이 없다. 그 팀의 성과는 굳이 이야기하지 않아도 상상할 수 있을 것이다.

실무진의 일
VS 리더의 일

엄밀히 말하면 부하직원들이 무엇을 하는지 모르겠다는 것 자체가 불안 요소는 아니다. 사고라도 치면 모를까. 다만 조직의 분위기에 따라 부하직원이 뭘 하고 있는지 몰랐다는 이유로 상사에게 깨지는 경우가 있다. 마치 직원 관리를 잘 못하는 사람처럼 찍히는 것이다.

이런 조직에서는 먼저 보고하지 않고 상사의 상사와 이야기하는 것이 철저하게 금지된다. 상사가 무능한 사람 취급을 받기 때문이다. 조직의 위계질서상 그래야 할 것처럼 보이지만, 한편으로는 정보가 원활하게 돌지 않고 조직 간 정보의 사일로(silo)가 생기는 문제가 있다. 엘론 머스크(Elon Musk)도, 에드 캣멀도 '조직 구조가 소통 구조가 되면 안 된다'라고 이야기한다.

이러한 조직은 점점 마이크로매니저로 채워질 수밖에 없다. 부하직원이 뭐 하고 있는지 세세하게 알지 못하면 무능한 취급을 당하니 모든 관리자들이 부하들의 일거수일투족을 보고 받느라 하루를 보낼 수밖에 없다. 모든 것을 완벽하게 통제하는 것처럼 보이지만, 실상은 일이 매우 느리게 진행되고 있을 뿐이다.

구글의 경우, 한 명의 관리자가 30명 이상의 팀원들을 관리하는 경우도 흔하다. 팀원 수가 많아지면 세세하게 일에 간섭하는 것이 불가능하기 때문이다. 실무진이 신경 써야 할 일이 있고, 리더가 신경 써야 할 일이 있다. 중요한 일을 직접 처리하는 것, 부하직원들을 키워주는 것이 리더의 핵심 과업이지 그들이 무슨 일을 하고 있는지 모니터링 하는 것이 아니다.

훗날 나를 대체할지도
모르는 사람을 키워줘야 할까?

자기 자리를 지키기 위해 미래의 위협이 될 만한 인재의 싹을 자르는 상사가 있다. 잊히지 않는 그래프 가 있는데, 모 그룹을 컨설팅하면서 그룹 임원들의 재임 연수를 그린 막대그래프였다. 막대그래프는 임원 3년 차 이상의 구간부터 거대한 절벽이 있고 10년 차 이상에 갑자기 몇 명의 임원이 나타나는 양상을 보였다. 임원 경력 10년 이상의 사장단들이 잠재적인 경쟁자의 싹을 자른 것이다.

리더의 역할 중 하나는 팀원들을 성장시키는 것이다. 그러기 위해 서는 팀원과 경쟁을 해서는 안 된다. 리더가 승진하고 더 높은 직책을 맡으면서 자기 자리를 자신이 성장시킨 팀원에게 물려주는 것이 아마 가장 아름다운 모습이다.

후계자를 양성하는 것은 조직 차원에서도 제도로 관리할 필요가 있 다. 당신의 후계자가 누구인지, 그 사람이 적절한 경험을 쌓고 코칭을 받고 있는지 관리하며 그것을 인사 시스템에 반영한다면 자연스레 팀원들을 키우는 분위기가 형성될 것이다.

잘못을 인정하라

리더는 의사결정을 내리는 자리다. 리더가 된 당신은 곧 잘못된 결정을 내릴 것이다. 이건 저주가 아니다. 3할 타자는 10번 중 7번 아웃된다. 벤처캐피탈처럼 100군데 투자해서 두세 개만 터져도 나머지 투자를 전부 메꾸는 곳도 있다. 스티브 잡스(Steve Jobs)도, 빌 게이츠(Bill Gates)도, 워런 버핏(Warren Buffett)도, 당신이 존경하는 어떤 사람도 잘못된 결정을 내린 적이 있다. 항상 바른 결정을 내리는 리더는 없다. 문제는 자기 결정이 잘못된 것을 알았을 때 어떤 자세를 취하느냐이다.

예전 직장은 경영진에 마이크로매니저들이 수두룩한 곳이었다. 그러다 보니 보고가 많았고, 중간관리자가 결정할 수 있는 것이 많지 않았다. 얽힌 예산의 크기가 조금만 커져도 최고경영진까지 거쳐야 의사결정이 났다. 그룹의 어지간한 의사결정은 다 최고경영진이 내린 것이었다.

그런 상황에서 시장이 나빠졌고, 실적이 꺾이기 시작했다. 성장이 둔화되면 그동안 그냥 넘어갈 수 있었던 많은 문제들이 진짜 문제가 된다. 그러면 과거의 잘못된 의사결정이 표면 위로 드러난다. 잘못된 의사결정에 대해 직원들은 책임을 따지기 시작한다. 결정을 잘못한 사람들은 징계를 받는다. 그런데 결정을 내린 사람이 직원이 아니라 최고경영진이라면 어떻게 책임을 져야 하는가?

조직문화를 진단하는 워크숍의 결과 정리를 맡은 적이 있다. 인사팀에서 수많은 사람들을 인터뷰한 자료들을 몇 번씩이나 읽으니 그 사람들의 스트레스가 느껴졌다. 잘못된 의사결정을 내리고 책임지지 않는 리더들, 대책을 제시하지도 못하면서 닦달하는 리더들의 모습이 기득했다. 그 모든 것의 근본 원인은 오너와 몇몇 최고경영진에 있었다.

일개 직원이 아니라 리더, 그것도 오너가 책임을 진다는 것은 어려운 일이다. 어중간한 임원은 대체 가능하지만, 창업 초창기부터 함께한 핵심 경영진들은 대체 가능한 사람들이 아니다. 하물며 오너가 문제였다면 책임지는 모습을 보이라고 요구하는 직원들 입장에서도, 대체 저 사람이 어떻게 책임을 져야 하는지 쉽게 떠오르지 않는다.

돌이켜 보면, 결국 사람들이 듣고 싶었던 것은 '내가 잘못했다, 내 책임이다'라는 고백이 아니었을까. 경영진들이 솔직하게 자신의 잘못을 고백했으면 회사 분위기가 그 지경까지 가진 않았으리라 생각한다. 위계적인 문화에서는 리더가 자신의 약점이나 잘못을 인정하면 권위가 무너진다고 생각한다. 그래서 자기의 잘못을 절대로 인정하지 않는다. 당시 회사도 리더들은 절대로 자기의 잘못을 인정하지 않았다. 자기는 제대로 지시했는데 실행한 사람들이 제대로 못했다고 탓하거나,

불가능한 목표를 제시하고 목표를 달성 못한 사람들을 탓하거나, 심지어 자기가 결정을 제대로 내릴 수 없도록 잘못 보고한 실무자들을 탓했다. 수많은 대책 회의가 열렸지만, 해결책 없이 고성만 오고 갔다.

리더가 책임을 진다는 것은, 자신이 내린 결정이 잘못되었다는 것을 인정하는 것이다. 감봉, 정직, 강등은 잘못을 인정한 다음의 이야기다. 자신에게 오는 책임의 화살을 피하지 말고 일단 내가 잘못했다고 인정하는 모습을 보고 싶은 것이다. 사람들은 잘못을 인정하면 자신의 권위가 무너지리라 생각하지만 현실은 정반대다. 자기 잘못을 인정할 줄 아는 리더는 사람들이 따른다. 반대로 자기 잘못을 끝까지 인정하지 않는 사람은 무너지고, 아침 드라마처럼 무릎 꿇는 꼴을 보고야 만다.

잘못을 인정하는 리더가 평소에도 다른 사람의 의견을 존중한다. 자기 생각이 무조건 맞다고 생각하는 사람은 실무자의 의견을 충분히 듣지 않는다. 리더는 완전무결한 사람이 아니다. 틀릴 수 있는 상황에서 결정을 내리고, 그 결과를 인정하고 책임지는 사람이다. 이제 리더가 되었다면 의욕이 넘칠 것이다. 잘하고 싶고, 더 높은 곳을 바라보고 있을지도 모르겠다. 그런 마음가짐도 중요하지만, 실패에 어떻게 대처할지를 먼저 준비해야 할 것이다. 자기 잘못을 부하에게, 옆 부서에게, 협력사에게 뒤집어씌우는 리더가 되지 말자. 신뢰를 잃은 리더에게 다음 단계란 없다.

조직문화에 대한 상상 인터뷰 ① : 에드 캣멀

에드 캣멀은 픽사에서 장편 컴퓨터 애니메이션이라는 분야를 개척한 주인공이자 수많은 성공작의 아버지이고, 기울어 가던 디즈니 애니메이션 스튜디오를 〈겨울왕국〉으로 완전히 탈바꿈시킨 장본인이다. 에드 캣멀은 현재 픽사와 디즈니 애니메이션 스튜디오 모두를 경영하고 있다. 픽사를 인수했던 스티브 잡스와 가장 오래 함께 일했다.

Q: 조직의 소통에서는 어떤 점들이 중요할까요?

기업의 소통 구조는 조직 구조를 반영해서는 안 됩니다. 모든 직원은 직책이나 직급에 상관없이 누구에게나 말할 수 있어야 합니다. 기업에는 직원들이 서로 솔직하게 말하지 못하는 여러 이유가 존재하죠. 직원들이 회의실보다 복도에서 진실을 얘기한다면, 경영자에게 문제가 있는 것입니다. 자신이 옳다고 확신하는 것만큼 확실하게 경영자의 시야를 좁히는 실수는 없습니다.

다시 말해 관리자가 자신의 영역에서 일어나는 모든 일에 대해 항상 제일 먼저 알 필요가 없다는 말입니다. 회의에 들어가고 나서야 깜짝 놀라도 괜찮습니다. 다양한 문제를 해결할 수 있는 가장 효율적인 방법은 사람들이 허락을 구할 필요 없이 자신들끼리 협력해서 어려운 문제를 직접 해결하도록 그들을 신뢰하는 것입니다.

Q: 팀원들이 문제를 해결하도록 내버려두어도 괜찮을까요?

한국에선 대부분 직급이 높은 사람이 방향을 정하고 결정을 내리는 분위기입니다. 아랫사람은 그저 정해진 대로 잘 따르는 것이 미덕처럼 여겨지죠. 구성원끼리 집단지성을 공유하고 자신의 의견을 솔직히 털어놓으면 더 나은 결정을 내릴 수 있다는 데 의심의 여지가 없습니다. 직원들이 자유롭게 아이디어를 제안할 수 없다고 생각하는 조직은 실패하기 마련입니다. 의외의 직원이 낸 아이디어라 할지라도 경시하지 마세요.

솔직함의 중요성을 아무리 강조해도 사람들은 공포심과 자기보호 본능 때문에 자신의 생각을 숨기기 마련입니다. 솔직함을 가로막는 장벽을 제거하려면, 먼저 그런 장벽이 존재한다는 사실을 사람들이 자유롭게 얘기할 수 있어야 합니다. 건전한 창작 문화의 특징은 구성원들이 아이디어, 의견, 비판을 자유롭게 공유하는 것입니다. 솔직함이 부족한 문화를 방치하면 창의성이 발휘되기 어렵습니다.

타인의 아이디어에 열린 자세를 취하는 것만으로는 충분하지 않습니다. 조직 구성원들의 집단지성을 끊임없이 적극적으로 모아야 합니다. 경영자는 직원들이 아이디어를 내도록 계속 유도하고, 직원들이 솔직하게 말하지 못하는 이유들을 찾아 해소해야 합니다.

Q: 픽사는 아이디어를 모으기 위해 어떻게 하고 있나요?

픽사는 브레인트러스트(brain trust)라는 제도가 있습니다. 몇 달에 한 번씩 모여 각자 제작 중인 작품을 솔직하게 평가하는 중요한 시스템입니다. 영리하고 열정적인 직원들을 한방에 모아놓고 문제를 파악하고 해결하라고 맡기고, 서로 솔직하게 의견을 얘기하도록 장려하죠. 브레인트러스트는 자문 대상에 따라 규모와 목적이 바뀌지만 핵심 요소는 솔직함입니다. 솔직함이 없으면 신뢰도 존재할 수 없고, 신뢰가 없으면 창의적 협업은 불가능합니다.

픽사의 경영진은 브레인트러스트에 꾸준히 관심을 기울이고, 저도 거의 모든 브레인트러스트 회의에 참석해 작품의 스토리텔링에 대해 토론하는 것을 즐깁니다. 저와 짐 모리스(Jim Morris) 제작본부장의 주요 역할은 회의 참석자들이 충분히 솔직하게 얘기를 나눠서 회의가 의미 있게 진행되고 있는지 확인하는 것입니다.

회의에서 때로 과격한 표현이 오가지만, 아무도 개인적인 감정의 골이 깊어지진 않습니다. 회의에서 오가는 말은 모두 문제 해결을 위한 것임을 알고 있기 때문입니다. 구성원들의 신뢰와 상호 존중이 있기 때문에 브레인트러스트는 뛰어난 문제 해결력을 발휘할 수 있지요.

Q: 다른 회사에도 비슷한 제도가 많은데 그렇게 솔직한 의견이 오고가지 않는 것 같습니다. 브레인트러스트는 어떤 점이 다른가요?

브레인트러스트는 다른 기업의 피드백 메커니즘과 두 가지 중요한 차이가 있습니다. 첫째, 브레인트러스트는 스토리텔링을 심도 있게 이해하는 사람들, 대개 작품 제작에 참여해 본 경험이 있는 사람들로 구성됩니다. 픽사의 감독들은 다양한 사람들의 비평을 환영하지만, 특히 동료 감독, 각본가가 보낸 피드백을 더 진지하게 받아들이죠. 둘째, 브레인트러스트는 지시 권한이 없습니다. 감독은 브레인트러스트에서 나온 특정 제안을 꼭 받아들여야 할 필요가 없습니다. 회의 후 피드백을 어떻게 받아들일지 결정하는 것은 감독의 몫입니다.

브레인트러스트는 강압적인 하향식 피드백 메커니즘이 아닙니다. 픽사의 브레인트러스트가 의견서를 보내는 목적은 구체적 처방을 지시하는 것이 아니라 문제의 원인을 찾아내는 것입니다. 감독에게 해법을 지시할 권한을 브레인트러스트에 부여하지 않음으로써 감독이 브레인트러스트에 반발하거나 소통이 어려워지는 일을 방지합니다.

물론 브레인트러스트 회의는 감독에게 편한 자리는 아닙니다. 모든 감독이 자기 작품이 좋은 평가를 받기 원하지만 목적 자체가 작품의 문제점을 지적하는 것이기 때문에 감독은 어딘가 지적받을 수밖에 없습니다. 하지만 브레인트러스트의 구성 방식은 감독이 문제점과 개선점을 지적받을 때 느끼는 고통을 최소화합니다. 회의 참석자들이 현미

경으로 들여다보는 대상은 작품이지 감독이 아닙니다. 아이디어 제공자는 아이디어 그 자체가 아닙니다. 대다수 사람들이 간과하지만, 결정적으로 중요한 원리입니다. 다시 말해, 문제를 지적할 때는 사람이 아니라 문제 자체에 초점을 맞춰야 합니다.

Q: 스티브 잡스와 오래 일한 것으로 아는데, 잡스의 소통 방식은 어땠나요? 잡스야말로 사람들에게 소리 지르고, 나를 따르라 옥박지르는 이미지 아닌가요?

저는 스티브 잡스와 25년을 같이 일했습니다. 저보다 오래 그와 함께 일한 사람은 없을 겁니다. 여러 잡지, 신문, 심지어 잡스가 공인한 전기에도 그는 무자비한 완벽주의자처럼 묘사되어 있습니다. 초기의 잡스는 분명 타인의 감정에 무신경하고 무자비한 사람이었지만, 죽기 전 20년간은 이전과 다른 사람으로 변했습니다. 잡스를 알고 지내던 모든 사람이 변화를 알아챌 정도였어요.

잡스는 다른 사람들의 감정뿐 아니라 그들이 창의적 제품에 기여하는 가치 역시 세심하게 인지했습니다. 그리고 사람들을 즐겁게 하는 것을 자신의 핵심 임무로 여겼습니다. 인생의 막바지로 갈수록 그랬어요. 자기가 직접 사람들을 즐겁게 하는 데는 능하지 않다고 여겼지만, 픽사처럼 사람들을 즐겁게 하는 일에 참여할 수 있어서 행운이라고 생각했습니다.

잡스를 생각하면 1986년 2월, 픽사가 탄생한 날이 떠오릅니다. 루카스필름 회의실에서 잡스가 픽사의 전신인 그래픽스 그룹의 인수 계약서에 서명했지요. 우리는 잡스가 인수자로 나타나기 전, 여러 달 동안 인수자를 찾아 헤매느라 기진맥진한 상태였습니다. 잡스는 계약 직후 저에게 이야기했죠. "앞으로 계속 함께 나아갈 텐데, 간곡하게 부탁할 것이 하나 있습니다. 서로 배신하지 않고 의리를 지킵시다." 픽사와 스티브 잡스는 수십 년간 여러 변화와 역경을 거쳤고 극히 어려운 시기도 있었지만 잡스는 픽사를 포기하지 않았습니다. 우리에게 요구한 의리를 그 자신도 지켰지요.

잡스와 가깝게 지냈던 다른 동료들은 그를 '픽사의 창의성을 지켜주는 방화벽'이라고 표현합니다. 그는 창의적 근로 환경을 지키기 위해서라면 무슨 일이든 했을 겁니다. 잡스는 직원들의 열정과 작품의 질에 집중했습니다. 그가 그토록 자랑스럽게 여긴 것을 이해하고 보호하는 중요한 역할이 남았지요. 저는 늘 픽사가 창업자(스티브 잡스, 존 래스터, 에드 캣멀)보다 오래 살아남도록 지탱해 줄 기업문화를 창조하는 것을 목표로 여겼습니다. 창업자 중 한 명이 너무 일찍 세상을 떠난 탓에, 기업문화를 공고하게 다질 책무는 존 래스터와 저에게 남았습니다.

■ 출처

• 에드 캣멀·에이미 월러스 지음, 윤태경 옮김, 『창의성을 지휘하라』, 와이즈베리
• HBR How Pixar Fosters Collective Creativity
  (hbr.org/2008/09/how-pixar-fosters-collective-creativity)
• HBR IdeaCast 109: Pixar and Collective Creativity
  (soundcloud.com/hbrideacast/109-pixar-and-collective)

- 우리 팀은 서로를 어떻게 부르는가? 특히 윗사람이 아랫사람을 어떻게 부르는가?

- 당신은 팀원들에게 존댓말을 쓰는가, 반말을 쓰는가? 팀원을 무시하거나 깔보는 말투를 쓰지는 않는가?

- 팀원의 말을 끝까지 들어주는가? 팀원이 그저 그런 아이디어를 냈을 때 어떻게 반응하는가?

- 우리 팀은 솔직한 이야기를 할 수 있는 분위기인가? 방 안에 코끼리는 없는가? 팀원들도 당신 생각에 동의할까?

- 솔직한 이야기를 할 수 없다면 왜 그럴까? 솔직한 분위기를 만들기 위해 무엇을 해야 할까?

- 우리 팀은 심리적으로 안정되어 있는가? 새로운 것을 시도하고 실패할 수 있는 분위기인가?

- 당신이 이야기한 것을 팀원들이 오해한 적은 없는가? 왜 오해가 생겼을까?

- 당신은 굳이 따지자면 회사와 직원 중 어느 입장에 더 가깝다고 생각하는가? 어떤 상황에서 그것이 드러나는가?

- 리더로서 잘못된 결정을 내린 적이 있는가? 남에게 책임을 떠넘기진 않았는가?

2장

사람에 대한
모든 고민들

사람들은 처음으로 경영자가 됐을 때
가끔 황당한 일을 경험하게 된다.
마침내 통제권을 갖게 됐다고 느끼는 순간
자신이 오히려 인질이 되어버렸다는 사실을 깨닫게 된다.
그리고 자신이 전에 없이 의존적이 되었다는 사실을 깨닫게 된다.
경영이란 다른 사람들을 통해 성과를 내기 때문이다.

– 조안 마그레타, 『경영이란 무엇인가』

어떻게 인재를
뽑아야 하는가?

본인이 리더가 되었다는 것이 언제 가장 와 닿았는가? 내 경우는 두 가지였는데, 바로 사람을 뽑을 때와 평가할 때였다. 작은 회사, 큰 회사, 아주 큰 회사를 다니며 여러 유형의 면접을 경험한 것 같다. 지원자로도, 면접관으로도 '일대일' 면접도 해보고 '다대다' 면접도 해보았는데, 면접이 끝날 때마다 항상 궁금했던 점이 있다.

"대체 무슨 기준으로 사람을 뽑는 거지?"

많은 회사들이 면접관이 무엇을 물어야 하며 어떤 자세로 면접에 임해야 하는지 제대로 알려주지 않는다. 인사팀에서는 이력서만 던져주고 알아서 면접을 진행해주길 바라는 듯싶다.

우리에게 알려주지 않았을 뿐 사람을 어떻게 뽑아야 하는지에 대해 이미 많은 연구가 있다. 그 중 몇 가지를 소개할 텐데, 재직 중인 회사의 채용 과정과 비교해보자.

인재를 선별하는
효과적인 방법

'효과적인 채용'이 대체 무엇일까? 의외로 이 질문에서부터 채용이 어그러진다. 컨설턴트 시절 면접에 대해 농담 반 진담 반 떠돌던 이야기가 있다. 신입 컨설턴트는 어차피 프로젝트에 크게 기여하기 어렵기 때문에, 스펙도 스펙이지만 고객에게 좋은 인상을 줄 수 있는 외모의 사람들을 뽑는다는 것이다. 그럴듯하게 존재감(presence)이라는 말을 쓰지만, 속된 말로 '있어빌리티'가 포인트다.

채용 프로세스의 목적은 지원자의 미래성과를 예측하는 것이다. 효과적인 채용이란 지원자의 미래성과를 예측하는 데 유용하다고 알려진 요소들을 검증하는 과정이 되어야 한다. 면접 또한 마찬가지다.[1] 회사에서 당신에게 면접을 맡기는 이유는 일 끝나고 같이 맥주 한잔하고 싶은 사람을 뽑으라는 것이 아니라 팀원으로서 성과를 낼 사람을 뽑으

---

[1] 요즘 면접은 새로운 역할이 생긴 것 같은데, 바로 경영진 가족 친척들과 SKY 출신 서류 점수를 보정하는 역할이다. 회장의 조카라면 서류 최하위권이 면접 최상위 등급이 된다.

라는 뜻이다.

　그렇다면 채용에서 자주 활용되는 여러 방법들 중에 어떤 것들이 미래성과를 예측하는 데 효과적일까? 아래 목록을 보고 마음속으로 순위를 매겨보자.

업계 지식 테스트 ------------------------------ (　　)

인지 능력 테스트 ------------------------------ (　　)

성격 테스트 ---------------------------------- (　　)

레퍼런스 체크 -------------------------------- (　　)

구조화 면접 ---------------------------------- (　　)

비구조화 면접 -------------------------------- (　　)

상황판단 능력 테스트[2] ------------------------ (　　)

정직/성실성(integrity) 테스트----------------- (　　)

샘플 과업 테스트[3] ---------------------------- (　　)

　이 중 어떤 방법이 미래성과를 가장 잘 예측할까? 그리고 당신 회사에서는 어떤 방법으로 사람을 뽑고 있는가?

2　짧은 이야기나 영상으로 상황을 제시하고 어떤 반응이 적절하다고 생각하는지 묻는 테스트

3　앞으로 하게 될 일과 유사한 과업을 지원자에게 시켜보고 결과물을 평가하는 테스트

배추도사 무도사
면접도사

답을 알려주기 전에 구조화 면접과 비구조화 면접의 차이를 살펴보자.

구조화 면접이란 리더십, 인간관계 등 인지 능력 외 요소들에 대해 모든 지원자에게 동일한 질문을 하는 면접 방식이다. 답변도 면접관마다 임의로 평가하는 것이 아니라 미리 예상 답변들을 점수표로 만들어 두고 채점한다.

비구조화 면접이란 채용 과정에서 일반적으로 접하는 면접 방식이다. 정해진 질문보다는 지원자의 이력서를 보면서 그때그때 생각나는 질문을 한다. 모든 사람들에게 다른 질문을 하며, 답변도 면접관이 임의로 평가한다. 그래서 면접을 통해 확인하고자 하는 요소(리더십, 팀워크, 가치관 등)가 불명확한 경우가 많다.

노벨상 수상자이자 행동경제학의 선구자 대니얼 카너먼(Daniel Kahneman)은 사람이 얼마나 많은 편견과 비합리적인 직관에 빠질 수 있는지 이야기한다.[4] 그는 무려 60년 전에 이스라엘 군대에 입대했는데, 심리학을 전공했다는 이유로 병사들을 어떻게 선발해야 하는지 면

---

4 대니얼 카너먼 지음, 이창신 옮김, 『생각에 관한 생각』, 김영사
유튜브 강연 참조: Wharton People Analytics Conference 2016: Daniel Kahneman

접 절차를 새로 설계하는 임무를 맡게 된다.

그 당시 이스라엘 군대가 병사를 뽑는 방법은 지금의 비구조화 면접과 다르지 않았다. 산전수전을 겪은 면접관들이 지원자들마다 이것저것 물어보고는 자기가 생각하는 기준에 따라 점수를 매기는 것이다. 이러한 방법에는 몇 가지 문제점이 있다.

가장 대표적인 것이 후광효과(halo effect)이다. 후광효과는 지원병의 어떤 장점이 다른 단점들을 작아 보이게 하는 것으로, 일종의 편견이다. 지원자가 회의실 문을 열고 들어오는데 인물이 훤하면 아무 말 대잔치도 논리적으로 들리고 대답을 잘못해도 한 번 더 기회를 주고 싶어진다는 뜻이다. 결국 전체를 객관적으로 보지 못한 채 결정을 내리게 된다.

이러한 점을 보완하기 위해 카너먼은 구조화 면접을 만들었다. 훌륭한 병사가 되려면 어떠한 요소를 갖춰야 하는지 여섯 가지 항목을 정의한 뒤, 이를 평가하기 위한 질문들을 설계했다. 더 중요한 것은 면접관들이 한 번에 한 가지 요소에 대한 질문들만 할 수 있게 했으며, 그 요소에 대해 점수를 매기고 나서야 다음 요소에 대해 질문할 수 있게 했다. 후광효과가 사라지게 한 것이다. 그리고 최종 점수도 면접관이 판단하지 않고 이 여섯 가지 점수들의 합만 가지고 평가했다. 결과는 어땠을까? 면접이 끝나고 몇 개월 후에 지원병이 배치된 각 부대의 평가 기록과 비교해 보니, 구조화 면접으로 계산한 최종 점수가 이전의 방식에 비해 상관관계가 높은 것으로 나타났다.

문제는 면접관들이 이 방식에 반발했다는 것이다. 아주 지독하게 싫어했다. 그들은 자신들이 면접의 전문가라 생각했다. 수없이 많은 면접을 보았고, 직관적으로 누가 더 좋은 지휘관이 될지 알고 있다 생각했는데 갑자기 정해진 질문만 해야 한다니 불만이 생길 수밖에 없었다. 그중 한 명은 카너먼에게 "당신은 우리를 로봇처럼 대하고 있어요"라고 말했다.

카너먼은 한 가지 질문을 더 만들었다. 여섯 가지 항목의 점수를 모두 매긴 후에야 면접관들은 마지막 문제에 답할 수 있었다.

"눈을 감으세요. 여섯 가지 항목의 점수를 볼 때, 당신은 이 지원병이 훌륭한 군인이 될 것이라 생각합니까?"

놀랍게도 이 마지막 질문은 원래 있던 여섯 가지 항목들보다 병사들의 미래성과를 더 잘 예측하는 것으로 나타났다. 역시 면접관의 직관이 더 낫다는 것일까? 그렇지 않다. 원래의 면접 방식은 여섯 가지 항목에 대한 체계적인 점수 없이 바로 직관으로 점수를 매겼다. 결과는 엉망이었다. 새로운 방식은 여섯 가지 항목을 하나씩 체계적으로 들여다본 후에야 최종 점수를 매겼다. 여기에 중요한 차이가 있다.

이 사례의 교훈은 직관을 과시하는 태도를 지양해야 한다는 것이다. 본인이 관상에 대해 안다거나, 면접을 많이 봐서 딱 보면 이 사람이 괜찮은지 알 수 있다고 주장하는 사람들이 있다. 사람들은 기억을 왜

· 어서 와, 리더는 처음이지?

곡한다. 자신이 뽑은 사람들 중에 몇 퍼센트가 정말 괜찮은 사람이었는지 데이터를 분석해본 적 있는가? 대부분은 자신이 뽑아서 괜찮았던 사례만 확대 해석하고 있을 것이다. 괜찮은 사람을 떨어뜨렸던 사례는 데이터 검증 자체가 불가능하다. 삼성그룹에서 26년간 인사 업무를 한『면접의 비밀』의 저자는 면접 성적 상위 20퍼센트와 하위 20퍼센트 집단의 업무 성과를 살펴본 결과, 면접 성적과 업무 성과에 상관관계가 없었음을 지적한다.[5]

중국에서 신입사원을 채용하던 때다. 최종 면접일은 아침부터 하루 종일 면접만 봤다. 한 팀에 열 명씩, 팀당 50분, 총 열세 팀을 면접 봤다. 50분이 길다고 생각할 수 있지만 한 명씩 자기소개를 하고 나서 대여섯 명의 면접관이 몇 가지 두서없는 질문을 하면 50분이 금세 지나간다. 게다가 질문은 눈에 띄는 몇 명에게 쏠리기 마련이다. 약 120명 중에 삼분의 일 정도를 뽑았지만, 이제 와 고백하자면 당시 채용한 40여 명이 나머지 80여 명보다 나은 선택이었는지 확신이 없다.

직관에 의지해서 면접을 보는 것이 아니라, 일관된 기준을 가지고 지원자들에게 질문을 던지는 것이 바람직하다. 세계 1위의 헤지펀드 브리지워터 어소시에이츠(Bridgewater Associates)의 창립자 레이 달리오(Ray Dalio)는 채용에 대해 '지원자가 우리 회사에서 맡게 될 첫 직책

---

5   조영환 지음, 『면접의 비밀』, 북오션

에 어울리는지만 평가하지 말고, 그 사람이 앞으로 우리 회사에서 평생 같이하고 싶은 사람인지를 평가하라'고 조언했다. 그러려면 평생 같이하고 싶은 사람이 어떤 요소를 갖추고 있어야 하는지 미리 정의해야 하며, 그러한 요소를 면접에서 후광효과에 빠지지 않고 어떻게 평가할 것인지도 고민해야 한다. 요즘 유행하는 블라인드 채용도 후광효과를 없애기 위한 노력 중 하나이다. 좋은 학교를 나오고 나이가 어린 지원자의 답이 더 마음에 드는 현상을 줄이려는 것이다.

물론 상황에 따라 비구조화 면접이 필요할 수도 있다. 군대나 대기업 공채처럼 일관된 기준으로 짧은 시간에 많은 인원을 뽑아야 하는 다대다 면접 상황에서는 구조화 면접이 훨씬 효과적이지만, 한두 자리를 뽑는 일대일 경력직 면접에서는 그 사람의 경력에 특화된 질문을 해야 할 수도 있다. 또 면접이 여러 차수로 나뉘어 있다면 첫 면접에서는 구조화 면접을, 뒤로 갈수록 비구조화 면접을 진행할 수도 있을 것이다.

60년이 지난 오늘까지도 이스라엘의 지휘관 선발은 그 당시 카너먼이 설계한 틀을 거의 그대로 사용하고 있다고 한다. 그만큼 틀을 잘 만들어 놓았다는 뜻일 것이다.

앞에서 언급한 채용 방법 리스트의 답은 다음과 같다.[6] 위에 있을수록 효과적인 방법이다. 혹시 당신의 회사는 비구조화 면접, 성격 테스트, 그리고 레퍼런스 체크로 사람을 뽑고 있지 않은가?

- 샘플 과업 테스트
- 인지 능력 테스트
- 구조화 면접
- 업무 지식 테스트
- 정직/성실성(integrity) 테스트
- 비구조화 면접
- 성격 테스트
- 상황판단 능력 테스트
- 레퍼런스 체크[7]

---

6 Ryan, A. M., Tippins, N. T., "Attracting and selecting: What psychological research tells us. Human Resource Management", Human Resource Management
7 여기서의 레퍼런스 체크는 지원자가 직접 제공한 지인 명단으로 체크하는 경우를 의미한다. 지원자가 지명한 사람이 아니라 회사가 자체적으로 지원자를 아는 사람을 수소문하여 체크하는 경우는 효과적일 수 있다.

당신보다
나은 사람을 채용하라

러시안 인형이라 불리는 마트료시카(Matryoshka)를 알고 있는가? 보통 속이 비어 있고 반으로 열리는 인형 6~7개가 한 세트인데, 사이즈만 다르다. 제일 큰 인형을 열면 좀 더 작은 인형이 나오고, 그 인형을 열면 더 작은 인형이 나오고, 계속 열면 마지막에 열리지 않는 가장 작은 인형이 나온다.

제일 큰 인형이 당신이라 생각하자. 당신은 자신보다 약간 부족한 사람을 뽑는다. 그 사람은 또 자신보다 약간 부족한 사람을 뽑는다. 이렇게 몇 단계 내려가다 보면 당신 회사나 부서엔 능력 없는 사람들로 가득 차게 될 것이다.

애초에 왜 자신보다 부족한 사람들을 뽑을까? 불안하기 때문이다. 앞서 이야기한 임원들이 잠재적 경쟁자를 없애는 것과 마찬가지다. 나와 연차와 직급이 비슷하면서 능력이 더 뛰어난 사람이 지원했다고 해보자. 그 사람이 왠지 내 자리를 위협하지 않을까 걱정되지 않겠는가? 나보다 나이마저 많다면 어떨까? 그 사람이 내 말을 들을지, 날 무시하진 않을지, 더 나은 회사를 찾아 떠나지 않을지 불안해진다.

경영을 한마디로 정의한다면 '남이 나를 위해 일하게 하는 것'이다. 뛰어난 경영은 '나보다 뛰어난 사람이 나를 위해 일하게 하는 것'이다. 철강왕으로 유명한 앤드류 카네기(Andrew Carnegie)의 묘비명은 '나보다 더 뛰어난 사람이 날 위해 일하게 하는 방법을 아는 사람 여기 묻혀 있다'이다. 현존하는 인물 중에 이것을 가장 잘 구현한 사람은 아마 알리바바의 마윈(馬雲)이 아닐까 싶다. 마윈은 삼류 대학을 나온 영어 교사 출신으로, 본인 스스로 '컴맹'에 가깝다고 이야기한다. 문제는 마윈이 세운 이커머스(e-commerce) 회사가 아마존과 시가 총액이 비슷하다는 것이다. 그는 자신의 성공 비결을 다음과 같이 이야기한다.

"첫째, 나는 가진 돈이 없었다.

둘째, 나는 인터넷의 'ㅇ' 자도 몰랐다.

셋째, 나는 바보처럼 생각했다."[8]

마윈이 만약 회사를 세우고 자기와 고만고만한 사람들만 채용했더라면 어찌되었을까? 지금 중국인들의 라이프 스타일은 사뭇 달라졌을 것이다. 중국에 살아보았기 때문에 확실히 말할 수 있다.

회사 동료였다가 독립해서 자기 사업을 하는 형과 오랜만에 이야기를 나눴다. '사장은 그 회사에서 가장 바보가 될 준비가 되어 있어야 한다'는 말이 와 닿았다. 사장이 자기 잘난 맛에 설치고 다니는 회사에서는 직원들의 능력이 발휘될 수 없다. 그런 사장들은 자신의 잘난 맛

---

8   류스잉·펑정 지음, 양성희 옮김, 『마윈 : 세상에 어려운 비즈니스는 없다』, 열린책들

을 충분히 즐기기 위해 자신만큼, 혹은 자신보다 더 뛰어난 사람들을 뽑지 않는다. 그렇게 자기만의 세상에서 왕 노릇을 하며 사장놀이에 빠지지만 회사는 결코 성장하지 않는다. 이 회사의 마트료시카 인형은 사장보다 커질 수 없기 때문이다.

채용에 대한 상상 인터뷰 ② : 대니얼 카너먼

대니얼 카너먼은 행동경제학 분야를 개척한 대부로 2002년에 노벨 경제학상을 수상했다. 현재 프린스턴 대학교 교수로 재직 중이며『생각에 관한 생각 』을 비롯한 여러 저술을 남겼다. 사람이 어떻게 편견에 빠지고 비합리적인 결정을 내리는지를 연구했다.

Q:『생각에 관한 생각』에서 소개하신 두 가지 생각법 이야기를 듣고 싶습니다.

사람이 생각하는 방식에는 두 가지가 있습니다. 심리학자들은 이 두 방식을 시스템 1과 시스템 2라고 부르죠. 시스템 1은 '1+1' 같은 겁니다. 보는 순간 2가 떠오르죠. 시스템 1의 생각은 인식하거나, 느끼거나, 일어나는 것에 가깝습니다. 자동으로, 빠르게 일어나는 생각입니다. 직관이라고도 할 수 있습니다. 반면에 시스템 2는 '17×28' 같은 겁니다. 이건 바로 떠오르지 않죠. 복잡한 계산을 해야 합니다. 프로세스를 거쳐야 하고, 기억해야 하죠. 즉, 노력(effort)이 들어갑니다. 시스템 2는 집중, 선택이 필요합니다.

우리의 모든 생각은 시스템 1 아니면 시스템 2입니다. 예를 들어, 운전은 처음 배울 때는 시스템 2지만 익숙해지면 시스템 1이 됩니다. 옆 차선 차가 왠지 이상하다 싶으면 본능적으로 그 차와 멀리 떨어지게 운전을 하지요? 정확하게 왜 이상한지 논리적으로 설명은 할 수 없어도, 옆 차가 이상하다는 것 자체는 인식합니다.

어떤 생각이 시스템 1인지 시스템 2인지 구분하는 쉬운 방법은 운전하면서 그 생각을 해보는 것입니다. 시스템 1의 생각은 운전하면서도 할 수 있습니다. 시스템 2는 그렇지 않죠. 노력이 들어가기 때문입니다.

Q: 두 가지 시스템이 서로 다른 용도로 쓰이겠군요?

우리는 스스로를 시스템 2로 생각하는 합리적인 사람들이라 믿고 싶어 하지만, 우리가 하는 많은 생각이나 반응, 행동들이 시스템 1에서 이루어집니다. 시스템 2는 집중과 노력을 요하고, 동굴에서 바로 옆의 거미를 발견했을 때처럼 생존을 위해서 자동으로 빠르게 반응해야 하는 상황도 있기 때문이죠.

평상시 시스템 2가 마치 저전력 대기모드처럼 기다리고 있고 시스템 1이 자동으로 주변의 상황들을 인식하면서 시스템 2에 느낌이나 직관, 의도, 제안 등을 전달합니다. 시스템 2가 그것을 받아들이면 느낌은 믿음이 되고, 충동은 자발적 행동이 됩니다. 대부분 시스템 2는 시스템 1의 제안을 거의 수정 없이 받아들입니다. 우리는 자신의 의지와 판단으로 그렇게 행동한다고 믿게 되죠. 실제로 논리적인 판단이 아니라 느낌이나 직관임에 불과한데 말이죠.

Q: 두 시스템은 사람에 대한 판단을 내리는 데 어떤 영향을 끼치나요?

가장 큰 문제는 우리가 누군가를 좋아하고 싫어하는 편견을 너무 쉽게 가지게 된다는 것입니다. 우리의 뇌는 첫인상으로 사람에 대해 쉽게 판단합니다. 면접관같이 사람을 판단하는 일을 해야 하는 사람도 처음엔 시스템 2로 판단을 내리다 어느 순간 면접 과정에 익숙해지면 시스템 1로 사람을 판단하게 됩니다. 시스템 1이 인식한 직관이나 느낌이 마치 시스템 2의 논리적인 과정을 거친 것처럼 포장되는 것이죠.

우리의 생각은 일관적인 이야기(coherent story)를 만들어내고 결론으로 건너뛰는 것을 좋아합니다. 설령 그 일관적인 이야기가 환상에 불과하더라도 말입니다. 후광효과도 그래서 생기는 편견 중 하나입니다. 얼굴이 잘생긴 스포츠 스타는 실제 실력도 더 좋은 것처럼 생각하게 되는 거죠.

Q: 기업 인사팀마다 '딱 보면 이 사람이 어떤 유형의 사람인지 알 수 있다'고 이야기하는 채용 전문가들이 있습니다.

전문가의 판단이 공식이나 알고리즘보다 더 정확하다는 근거는 사실

거의 없습니다. 여러 심리학 연구들을 종합해 보면, 절반 정도의 연구에서는 공식이 전문가들보다 훨씬 더 정확하다고 나왔고, 나머지 절반은 서로 비긴 것으로 나옵니다. 그 이유는 노이즈(noise) 때문입니다. 노이즈는 편견하고 다릅니다. 방사선 의사들에게 같은 엑스레이 사진을 보여주고 진단을 내리게 하면 20퍼센트 정도는 자기가 이전에 내렸던 진단과 다른 판단을 내립니다. 편견과는 상관없는 문제입니다. 같은 상황에서 '그냥' 다른 결론이 나온 거죠. 사람들이 판단을 내릴 때 아무 이유 없이 다른 결과를 내는 무작위적 요소가 들어가는데, 이것이 바로 노이즈입니다. 공식과 알고리즘은 노이즈가 없기 때문에 더 정확할 수밖에 없어요.

실제로 일어나는 생각의 과정은 다음과 같습니다. 채용 전문가들은 지원자를 처음 본 순간 과거에 면접을 봤던 비슷한 사람을 떠올립니다. 지금 이 사람도 그 사람과 비슷할 것이라 가정을 세우죠. 시스템 1에서 자동으로 일어나는 일입니다. 한 번 과도한 자신감을 갖게 되면 면접 과정에서 자신의 판단과 일치하는 정보들만 계속 받아들입니다. 답은 이미 정해진 상태에서 확신만 점점 강해지죠.

그렇게 뽑은 사람이 실제로 자신이 생각했던 모습과 비슷했다고 합시다. 그럼 이제부터 가용성 편견(availability bias)이 작용합니다. 가용성 편견이란, 쉽게 떠올릴 수 있는 사건은 실제보다 훨씬 더 자주, 혹은 많이 일어났을 것이라 생각하는 것입니다. 예를 들어 연예인의 이혼은

뉴스에도 나오고 훨씬 더 사례를 떠올리기 쉽기 때문에 일반적인 커플의 이혼보다 훨씬 더 자주 일어날 것이라 생각하는 것이죠. 실제 이혼율 숫자는 본 적도 없으면서 말입니다. 자기가 뽑았던 사람 중에 입사 후 성과나 태도가 예상과 같았던 사례를 발견하고 나면 자기 스스로의 예측력을 과대평가하게 됩니다. 본인이 실패했던 수많은 사례들은 잘 떠올리지 못하고, 제대로 예측했던 사람은 그 이름을 바로 댈 수 있기 때문입니다.

Q: 어떻게 해야 편견이나 노이즈를 피할 수 있을까요?

편견을 극복하기란 쉽지 않습니다. 일단 후광효과, 앵커링 효과(anchoring effect) 등 수많은 종류의 편견이 있습니다. 더 큰 문제는 당신이 이런 편견에 대해 배운다고 해서 편견을 줄일 수 없다는 것이죠. 제 책을 읽는다고 해도 마찬가지입니다. 똑똑한 사람도 인지적 오류를 피하긴 어렵습니다.

하지만 조직은 편견을 줄일 수 있습니다. 주어진 문제에 공식이나 알고리즘을 도입할 수 있습니다. 물론 알고리즘도 현실을 어느 정도 단순화시킨 것이기 때문에 현상을 100퍼센트 설명할 수는 없지만, 직관만으로 판단하는 것보다는 훨씬 정확합니다.

다만 공식이나 알고리즘을 도입할 때는 변화 관리가 필요합니다. 자신의 직관을 믿는 전문가들은 공식이나 알고리즘을 끔찍하게 싫어합니다. 그런 것들로 자신의 전문성을 대체할 수 없다고 믿고 싶어 하기 때문이죠. 그래서 알고리즘이 정확도를 더 높일 수 있다는 것을 보여 주어야 하고, 알고리즘이 전문가들을 제한하는 것이 아니라 지원하는 것으로 인식하도록 설득시키는 과정이 필요합니다.

문제 자체가 알고리즘으로 표현할 수 없는 문제라면, 구조화된 규칙적인(disciplined) 생각을 할 수밖에 없도록 과정을 설계할 수 있습니다. 의사결정이 몇 단계로 이루어진다고 치면, 각 단계마다 어떤 정보들을 확인해야 하는지, 어떤 문제들에 어떤 기준으로 답해야 하는지 체크리스트를 만들어 둘 수 있지요. 채용에서의 구조화 면접도 그러한 방법 중 하나입니다.

노이즈를 줄이는 방법은 여러 사람이 판단을 내린 후에 결과를 종합하는 것입니다. 이렇게 하면 노이즈 때문에 생기는 변동폭(variation)을 줄일 수 있습니다. 여기서 중요한 점은 사람들이 각자 독립적으로 판단을 내린 후에 결과를 종합해야 한다는 것입니다. 사람들끼리 서로 논의한 후에 판단을 내리게 하면 한 사람이 판단하는 것과 비교해서 변동폭이 줄지 않습니다.

Q: 전문가들이 알고리즘보다 더 나을 때는 정말 없는 건가요?

처음부터 종합적인 판단을 묻는 질문(global question)을 던지면 많은 편견과 노이즈가 들어가게 됩니다. 이스라엘 군대의 면접 과정을 설계할 때도 전문가들이 직관적으로만 판단했을 때는 예측 정확도가 좋지 못했어요. 훌륭한 군인이 갖춰야 할 여섯 가지 요소들을 한 번에 하나씩 판단한 후에, 이 여섯 가지 요소를 종합했을 때 이 후보가 훌륭한 군인이 될지를 묻는 질문은 예측 정확도가 높았습니다.

개별 요소를 하나씩 검토한 후에 종합적인 판단을 내리게 하면 전문가들의 판단력이 높아집니다. 시스템 1에서 결론을 내리기 전에 강제적으로 시스템 2를 거치게 한다고도 생각할 수 있겠네요. 그래서 알고리즘이나 공식은 전문가를 대체하거나 귀찮게 하는 것이 아니라 전문가를 돕는 도구로써 주어지는 것이 좋습니다.

■ 출처

• 대니얼 카너먼 지음, 이창신 옮김, 『생각에 관한 생각』, 김영사
• 유튜브 강연 참조:
  – Wharton People Analytics Conference 2016: Daniel Kahneman
  – 10 Questions for Nobel Laureate Daniel Kahneman: Daniel Kahneman
  – "Thinking, Fast and Slow": Talks at Google

강점으로
경영하라

팀원의 강점을 발견하고 그에 적합한 역할을 맡기는 것이 훌륭한 리더의 조건이다. 조안 마그레타(Joan Magretta)는 '경영의 역할은 개인의 재능을 발견하여 성과에 기여할 수 있는 위치에 배치하는 것이다'라고 이야기한다.[9]

강점이 있는 일을 시키라는 어찌 보면 뻔한 이야기를 왜 굳이 할까? 그것은 대부분의 리더들이 강점과 할 줄 아는 것을 착각하기 때문이다. 회사에서 늘 벌어지는 상황을 떠올려보자. 우리 팀에서 급하게 새로운 브랜드 기획서를 제출해야 한다. 우리 팀에서 브랜드 기획을

---

9 조안 마그레타 지음, 권영설·김홍열 옮김, 『경영이란 무엇인가』, 김영사

· 어서 와, 리더는 처음이지?

해본 사람은 A뿐이다. 그래서 영업 업무를 맡고 있던 A에게 기획 업무를 시킨다. 그런데 A는 사실 기획 업무보다 사람들을 많이 만나고 일을 빠르게 추진하는 데 강점이 있는 개척형 인재다.

다른 사람들은 못하는데 저 사람만 할 줄 아는 것이 있다면 그게 강점일까? 그럴 수도 있지만, 전혀 아닐 수도 있다. 정말 강점이 있는 영역이라면 이전에 해보지 않은 업무라도 빠르게 배워서 놀라운 성과를 낼 수도 있기 때문이다.

이 모든 혼란은 강점이 무엇인지 깊게 생각해보지 않았기 때문에 일어난다. 강점에는 구체적인 스킬도 물론 포함된다. 하지만 강점과 스킬은 구별되어야 한다. '1만 시간의 법칙'이 유행이지만, 잠재력이 뒷받침되지 않은 노력에는 분명한 한계가 있다. 우선 잠재력을 발견하는 것이 중요한데, 다음과 같은 질문을 던져볼 수 있다.

Q. 새로운 사람들과 넓게 관계를 맺는가, 알고 있는 사람과 더 깊은 관계를 유지하는가?

Q. 일을 빨리 끝내는 것이 중요한가, 시간이 걸려도 완성도 있게 하는 것이 중요한가?

Q. 다른 사람의 이야기를 들을 때 이해하면서 듣는가, 분석하면서 듣는가?

Q. 일단 일을 시작하는 것이 중요한가, 미리 충분하게 고민하는 것

이 중요한가?

Q. 말을 하면서 생각을 정리하는가, 혼자만의 시간을 가지고 고민
하면서 생각을 정리하는가?

Q. 위험요소를 미리 고려하는가, 문제가 발생한 후 대처하는가?

Q. 매번 같은 방식으로 일하고 싶은가, 새로운 방식으로 일하고 싶
은가?

누군가의 강점을 발견하는 것은 매우 입체적인 접근을 필요로 한
다. 단순히 무엇을 할 줄 아는지 파악하는 것으로는 부족하다. 이 사람
이 무엇으로부터 동기를 얻는지, 혹시 태도에 문제는 없는지 이해가
필요하다. 이는 팀원 한 명 한 명을 오랫동안 관찰하고 자주 이야기를
나누면서 더욱 명확해질 수 있다. 본인도 인지하지 못하는 잠재력을
발견하고 이를 개발할 수 있는 방법을 찾아줄 때, 팀원들의 강점을 끌
어낼 수 있다. 이것이 진정한 리더의 모습이 아닐까?

이러한 사례가 가장 극명하게 드러나는 곳이 스포츠 경기이다. 축
구에 별 관심 없는 여성분들도 박지성이 뛰었던 맨체스터 유나이티드
라는 팀과 이제는 은퇴한 퍼거슨 감독의 이름을 들어본 적이 있을 것
이다. 퍼거슨 감독이 그렇게 위대한 감독으로 평가 받는 이유는 압도
적이지 않은 스쿼드로 십여 년 동안 최상위권의 성적을 냈기 때문이
다. 상황에 따라 철저하게 선수들의 강점을 활용하는 전술을 적절하게

구사한 것이다.

축구에선 팀에 부상자가 많은 상황을 해결하기 위해, 혹은 상대의 의표를 찌르기 위해 의외의 선수를 자기 포지션이 아닌 곳에 배치하는 경우가 종종 있다. 어떤 선수들은 감독의 조언에 따라 포지션을 바꾼 이후에 더 훌륭한 선수가 되기도 한다. 예를 들어, 차두리는 원래 아버지 차범근을 따라 공격수로 시작했으나 측면 수비수로 포지션을 바꾼 후에 크게 성공했다. 이런 변화는 감독이 평소에 그 선수가 어떠한 강점이 있고 그 강점이 어떤 포지션에 적합한지 고민했기 때문에 가능하다.

회사에서도 마찬가지다. 어떤 리더는 조직의 안정에만 신경 쓰며 주어진 팀원들을 데리고 늘 하던 일만 시킨다. 반면 어떤 리더는 강점을 발견하고 팀원들의 업무를 재조정하며, 경우에 따라서는 팀원이 자기 강점을 충분히 활용할 수 있도록 타 부서로 이동시키기까지 한다. 숙달된 팀원이 없어지면 팀에 일시적인 손해가 있을 수 있지만 팀원의 발전을 위하여 그렇게 하는 것이다. 이런 리더 밑에서는 팀원들이 자신의 잠재력을 충분히 실현할 수 있을뿐더러 신뢰 또한 깊어진다.

강점을 활용하라는 것은 당연한 이야기처럼 들리지만 개인도, 기업도 강점을 발견하는 것이 쉽지 않다는 게 문제다. 강점을 강조한 피터 드러커 또한 사람들은 기껏해야 자기 약점을 알 뿐이라고 했다. 나는 이런 문제를 해결하기 위해 30년 이상 강점에 대해 연구한 글로벌 HR

컨설팅펌과 함께 협업하여 TANAGEMENT(Talent Management)라는 도구를 만들고, 2만 명 규모의 비즈니스 현장에서 검증하였다. 강점을 발견하고 개발하는 것, 강점 기반의 채용, 배치, 육성에 대해 더 알고 싶다면 부록 'TANAGEMENT 소개'를 참조하길 바란다.

이 사람과는
일 못 하겠다 싶을 때

나의 첫 직장은 어떤 전략 컨설팅 회사였다. 컨설팅 회사에서 일하다 보면 아무래도 일반 기업보다는 자주 팀원들이 바뀐다. 프로젝트 하나가 끝나고 새로운 프로젝트에 착수할 때마다 멤버도 조금씩 바뀌고, 업계 자체가 다른 회사들보다 이직률이 높은 편이다. 또 사람들마다 프로젝트에 대한 선호도가 있어서 고객사의 업종에 따라, 프로젝트 내용에 따라 관심 있는 컨설턴트들이 이합집산하기도 한다.

컨설팅도 여러 가지로 세분화되지만, 서너 명 내외의 인원이 같이 하나의 프로젝트를 수행하는 것이 가장 일반적이다. 인원이 얼마 없다 보니 한 명 한 명이 자기 역할을 충분히 해줘야 하고, 팀워크가 중요하다. 가끔 골치 아픈 상황도 발생하는데, 프로젝트 팀장이 팀원을 가려서 받는 것이다. 여느 회사에서도 충분히 일어날 수 있는 일이지만 컨설팅에서는 노골적으로 팀원에 대한 호불호가 있었고, 어느 프로젝트

· 어서 와, 리더는 처음이지?

에서도 데려가지 않으려는 팀원은 스스로 압박감을 느끼고 그만두거나 권고사직으로 이어졌다.

첫 직장을 구하며 컨설팅 회사를 선호했던 이유 중 하나가 사람 스트레스를 받기 싫어서였다. 팀 프로젝트를 하다 보면 항상 무임 승차자가 생겼다. 대학 시절, 복학생 학번의 후광으로 리더를 맡았던 나는 누군가가 게을러서, 혹은 학점과 평판에 관심이 없어서 나머지 팀원들이 더 많은 시간을 써야 하는 상황이 싫었고, 나중에 회사에 가더라도 그런 사람이 없는 곳에서 일하고 싶다고 생각했다. 그렇게 똑똑하면서 리더십 있고 자존심이 강한 사람들이 모인 곳이 어디일까 생각해보니 컨설팅이었다.

그 시절 어느 팀장님이 해준 이야기가 기억에 남는다. 그분도 한때 팀원을 가렸다. 예전에는 열 명 정도의 인력이 있으면 그중에 자신이 데려다 쓰고 싶은 사람이 세 명이 채 될까 말까 했단다. 지금은 적어도 절반에서 일곱 명 정도는 일을 시킬 수 있을 것 같다고 했다.

팀장님이 그동안 성장시킨 업무 능력은 무엇일까? 인내심? 현실과의 타협? 결국 남에게서 강점을 찾아내는 능력이다. 어설픈 관리자는 일을 제대로 나눠서 적합한 팀원들에게 맡기지 못하기 때문에 두루두루 잘하는 사람들이 필요하다. 그들은 저것을 잘하는 사람에게 이것을 맡겨놓고 나중에 모든 책임을 전가할 이들이다.

반면 좋은 관리자는 사람들이 무엇을 잘하는지를, 어떤 상황에서 성과를 내는지 찾아서 집중할 수 있도록 만들어 준다. 당신과 같은 시기에 같은 팀에서 일한다는 이야기는, 당신과 비슷한 수준의 역량과 경력을 보고 당신을 뽑았던 채용팀이 뽑았다는 뜻일 것이다. 누구나 강점은 있다. 만약 같이 일하기 싫은 팀원이 있다면, 그 사람의 단점을 무조건 탓하기 전에, 내가 그 사람의 강점을 못 보고 있는 것은 아닌지 자신의 사람 보는 눈도 피드백해 보자.

내보내야 하는
'썩은 사과'

물론 같이 일하기 정말 어려운 사람도 있다. 조직의 생산성을 저해하는 사람들을 '썩은 사과'라 한다. 썩은 사과는 자기뿐만 아니라 주변에 있는 다른 멀쩡한 사과를 썩게 하는 능력이 있다. 조직의 썩은 사과는 조직문화를 망치고, 열심히 일한 사람들을 바보로 만드는 자들이다. 조직에 무기력과 비관주의를 전파하는 사람, 상사의 비위를 맞추며 팀원들을 쥐어짜는 사람, 거짓말하는 사람, 남의 성과를 가로채는 사람 등이 대표적인 썩은 사과이며, 심각한 무능력도 썩은 사과의 한 부류이다.

태도나 인성에 문제가 있는 사람은 보통 썩은 사과가 맞다. 하지만 성과가 적은 것엔 여러 가지 이유가 있다. 실제로 일을 못하는 경우도 있지만 그보다 상사와의 업무 스타일 차이가 문제인 경우도 많다. 성과가 별로였던 사람이 다른 팀으로 옮겨간 뒤에 능력을 발휘하는 경우도 생기고, 그 반대의 케이스도 발생한다. 본인도 잘 모르고 있지만 하고 있는 업무가 자기 강점과 안 맞을 수도 있다. 자기 강점에 맞는 일을 찾는다면 놀라운 성과를 낼지 누가 알겠는가?

보통 인사팀은 어떤 사람이 조직에서 기대치보다 성과를 못 내고 있다고 판단되면 좀 더 적성에 맞을 만한 다른 부서로 몇 번 이동시켜 새로운 기회를 준다. 내보내는 것 자체가 법적으로 쉽지 않을뿐더러, 그 사람을 채용한 비용, 내보내는 비용, 대체할 사람을 뽑는 비용을 생각하면 당연한 수순이다.

그런데 새로 이동할 팀의 팀장이 이 사람에 대한 소문을 미리 듣고 이 사람은 일 못하는 사람이라고 선입견을 가져버리면 어떻게 될까? 팀장의 평가는 자기 충족적 예언 같은 성격이 있어서, 사람들은 대부분 기대를 받은 만큼까지만 성과를 낸다. 일 못한다는 선입견을 받은 사람은 아마 새로운 부서에서도 성과를 내기 힘들 것이다. 기회가 사람을 두 번 죽이는 확인사살로 바뀐 것이다. 그 사람도, 당신도, 회사도 모두 지는 게임이다. 그러니 일을 잘하는지만 놓고 썩은 사과라고 성급하게 판단하지 않았으면 좋겠다.

나는 직장생활을 하는 동안 업무 능력을 인정받아 빠르게 승진했지만 조직의 문화는 망가뜨리는, 그래서 후배 직원들에게 악영향을 미쳐 신입사원들이 1년도 채 안 돼 퇴사하게 만드는 썩은 사과를 많이 만났다. 일을 못하는 사람보다 일을 잘하는 썩은 사과가 조직에 훨씬 더 치명상을 입힌다. 그 사람이 내는 성과에 홀려서 계속 방치하다가(방치가 아니라 오히려 상을 준다) 조직이 완전히 곪은 후에야 상황을 파악하기 때문이다. 사람들은 썩은 사과가 온갖 방법을 다 쥐어짜서 성과를 내고 조직에서 인정받는 모습을 보며 '성공하려면 나도 저렇게 해야지'라고 생각한다.

이 사람과는 일 못 하겠다 싶을 때는 도대체 그 사람의 어떤 면이 문제인지 한 번 더 생각해 보자. 그 사람의 성과가 문제라면 내가 그 사람의 장점을 찾으려고 고민했는지 돌이켜 보자. 혹시 편견을 가지고 단점만 바라본 것은 아닌지 되짚어 보자.

강점을 키울 것인가, 약점을 보완할 것인가

조직을 운영하는 리더는 팀원들의 강점을 활용해야 한다. 그렇다면 팀원은 자신의 강점과 약점을 어떻게 관리해야 할까? 강점을 발전시켜야 한다는 것에는 대부분 이견이 없다. 그런데 약점의 관리에 있어서는 사람들마다 생각이 다르다.

어떤 사람은 90점(장점)을 95점으로 만드는 것보다 50점(단점)을 80점으로 만드는 것이 훨씬 쉬우니 약점을 보완하라고 한다. 어떤 사람은 반대로 50점을 80점으로 만드는 것이 90점을 95점으로 만드는 것보다 훨씬 어렵다고 한다.

사회생활을 시작한 지 얼마 안 되어서 첫 직장상사에게 들은 것이었다. 십 년이 지났지만 아직도 기억하고 있다.

"커리어 초반에는 과락을 없애고, 그다음 자기가 잘하는 것을 키워라."

과락은 어느 한 부분이라도 일정 점수에 미달하면 탈락하게 되는 선이다. 어떤 시험을 보는데 평균 점수가 80점을 넘어야 합격이고 어느 과목이라도 60점이 안 되면 불합격이라고 한다면, 그 60점이 안 되는 과목이 과락이다. 나는 기본적으로 단점을 보완하기보다 장점을 더 키우는 쪽으로 노력하는 것이 옳다고 생각한다. 하지만 그 단점이 과락 수준이라면 이야기가 달라진다. 그 과락이 자신의 장점까지 모두 가릴 수 있기 때문이다.

과락에 대한 강렬한 최근의 사례는 19대 대선의 안철수 후보이다. 그는 평균 점수로는 괜찮은 후보였는지 모르겠으나, 안타깝게도 대통령 후보로 '토론'이 과락이었다. 대선을 앞두고 지지율 상승세를 보이던 그는 몇 차례의 토론회 이후 그 상승세가 꺾였다.

직장에서의 과락은 어떤 것이 있을까? 일단 근태를 꼽을 수 있다. 출근 시간은 물론이요 회의나 외부 미팅에 상습적으로 지각하고, 무작정 출근을 안 해놓고 휴가를 쓰겠다고 당일 통보하는 사람들이다. 거짓말하는 부류도 있다. 안 되었는데 다 되었다 하고, 할 수 없는 것을 할 수 있다고 떠벌린다. 실적을 조작하거나 개인적으로 쓴 돈을 회사 경비로 올리기도 한다. 글쓰기나 말하기가 소통 불가한 수준의 사람도 있다. 장문의 이메일을 받았는데 도통 결론이 뭔지 모르겠는 경우다. '이 사람하고는 도저히 같이 일 못 하겠어요'라고 말하게 만드는 단점이 과락이다.

부끄러운 이야기지만 직장생활을 처음 시작했을 때 나의 글쓰기는 과락 수준이었다. 순수 공대생에 그 흔한 논술 시험을 준비해보지 않았던 나는 글쓰기에 젬병이었다. 나는 컨설팅의 본질이 문제 해결이라고 생각했고, 그 부분에는 어느 정도 자신이 있었다. 그런데 컨설턴트에게는 문제를 해결하는 것 못지않게 소통하는 방법(그중 하나가 '글쓰기'다) 역시 중요하다. 사실 지금 그나마 글을 쓸 수 있는 이유는 직장생활을 하며 상사 분들께 수많은 피드백을 듣고 과락을 면하기 위해 연습했기 때문이다.

사원, 대리 직급까지는 자신의 약점 중에 과락 수준인 것이 없도록 기본 점수를 만든 후 자신만의 강점을 더 키우는 것을 추천한다. 학생 시절에는 자신이 어떤 분야에 과락인지 파악하기 힘들다. 학생으로서의 강/약점과 직장인으로서의 강/약점은 다르기 때문이다. 학생일 때는 보통 자신과 같은 학교, 같은 전공의 친구들과 어울리기 때문에 객관적으로 본인의 강/약점이 파악되지 않는다. 회사에 정식으로 입사하고 나서야 자신이 어떤 분야에 과락인지 파악이 되는데, 직장생활 초창기에는 과락을 빨리 없애야 이후에 자신의 강점을 가다듬는 데 집중할 수 있다.

마찬가지로 처음 리더가 되었을 때도 과락을 주의해야 한다. 훌륭한 팀원이었지만 팀장으로서는 별로인 사람들이 의외로 많다. 팀원의 일과 리더의 일은 다르다. 팀원으로 하던 일에서 과락을 없앴더라도, 리더로 앞으로 해야 할 일 중에 과락이 있을지 모른다.

단점을 관리하는 것은 개인의 노력도 필요하지만 팀 차원에서 관리해준다면 훨씬 효과적으로 공략할 수 있다. 예를 들어 다양한 장점을 가진 사람들로 팀을 구성하여 서로의 단점이 보완될 수 있다. 그렇게 함으로써 단기적으로 보면 팀의 성과 자체가 나아질 수 있고, 장기적으로 보면 팀원들이 더 빠르게 성장할 수 있다. 자신이 잘 못하는 것을 잘하는 사람이 바로 옆에 있으니 자연스럽게 보고 배울 수 있는 환경이 조성되기 때문이다.

팀을 구성하는 리더는 다른 누구보다 자신의 단점을 보완해 줄 수 있는 사람을 팀원으로 확보해야 한다. 고백하자면, 나는 일과 계획 중심 성향이 있어서 생각대로 일을 진행하기 위해 의견을 밀어붙인다든지, 생각대로 일이 진행이 안 될 때 주변에 스트레스를 전파하는 편이다(남에게 뭐라고 하는 스타일은 아닌데 스스로 스트레스 받는 모습을 보면서 주변 사람들이 스트레스를 받는다). 그래서 가급적 같은 팀에 일보다 좀 더 사람을 챙겨주는 성향의 사람과 같이 일하려 노력한다. 물론 리더라고 항상 같이 일할 사람을 고를 수 있는 것은 아니지만, 리더의 단점은 팀원의 단점보다 팀에 훨씬 큰 영향을 미치니 팀 구성에 꼭 감안해야 한다.

팀 내에서 의도적으로 약점을 연습해 볼 기회를 줄 수도 있다. 약점은 타고난 역량의 문제일 수 있지만, 그저 해볼 기회, 해볼 이유가 없었던 영역인 경우도 많다. 예를 들어 남들 앞에서 발표를 잘 못하는 사람이 있다고 하자. 태어날 때부터 남들 앞에서 떨지 않고 자연스럽게 이야기할 수 있는 사람도 있지만, 대부분은 그런 자리에 설 기회가 없어서 연습이 부족한 탓이 크다. 이런 사람에게 바로 중요한 외부 프레젠테이션을 맡기긴 어렵겠지만, 팀 내부 미팅에서라도 발표할 기회를 자주 줌으로써 무대 공포를 벗어날 수 있도록 도와줄 수 있다.

공정한 평가는
가능한 것인가?

인사평가. 직장인의 희로애락이 느껴지는 단어이다. 평가를 받는 입장에서는 기대와 두려움이 공존하고, 평가를 하는 입장에서는 어떻게 해야 공정할지, 아니 어떻게 해야 피평가자들의 불만이 덜할지 고민된다. 평가를 하는 사람도, 받는 사람도 공정한 평가를 바라지만 조직에서 누가 얼마만큼의 성과를 냈는지 판단하기 어려운 경우가 대부분이다. 게다가 성과가 꼭 노력에 비례하지 않는 경우도 허다해서 누구에게 더 높은 등급을 주어야 할지 애매해진다.

평가는 깊고 넓은 주제다. 관련 서적도 수두룩하다. 평가 지표를 정하는 것부터 평가 프로세스, 상대/절대평가 기준, 평가 결과를 피평가자에게 전달하는 노하우 등 관련된 주제가 많지만, 이번 장에서는 실무적인 내용보다 좀 더 근본적이고 철학적인 문제를 다뤄보려 한다. 정말 평가하고 싶은 것을 평가하고 있는가?

지금 무엇을
평가하고 있는가?

『블링크』, 『아웃라이어』 등 베스트 셀러 작가로 유명한 말콤 글래드웰(Malcolm Gladwell)은 세상에 두 가지 종류의 경쟁이 있다고 정의했다.[10] 첫째는 능력 경쟁(power game)이고, 둘째는 속도 경쟁(speed game)이다.

능력 경쟁은 시간의 제약 없이 누구의 능력이 더 큰지 겨루는 시합이다. 속도 경쟁은 제약된 시간 안에서 누가 더 능력을 발휘할 수 있는지 경쟁하는 시합이다. 예를 들어, 시간제한 없이 바둑을 둔다면 이 게임은 능력 경쟁이 된다. 대부분의 프로 대국처럼 시간제한이 주어진다면 이제 능력과 속도 둘 모두를 경쟁하는 게임이 된다. 수능은 속도와 능력이 반반 정도 아닐까? 우등생들은 제한 시간 안에 다 풀고 답안을 검토할 시간이 있겠지만, 대부분의 학생들은 제한 시간 안에 다 푸는 것을 버거워할 것이다.

---

[10] 유튜브 강연 참조: Wharton People Analytics Conference 2017: Keynote Conversation with Malcolm Gladwell and Adam Grant

어떤 사람들은 능력 경쟁에 강하면서 속도 경쟁에도 강하지만, 성격에 따라 능력 경쟁에 강하지만 속도 경쟁에 약할 수도 있다. 속도 경쟁에 강한 사람을 토끼라 하고 속도 경쟁에 약한 사람을 거북이라 하자. 토끼와 거북이가 60분 동안 시험을 보았다. 그 결과는 아래와 같다.

	토끼	거북이
푼 문제	100	80
풀어서 맞힌 문제	83	77
정답률	83퍼센트	96퍼센트
찍은 문제	-	20
찍어서 맞힌 문제	-	6
점수	83	83

우선 토끼는 100문제를 다 풀었다. 거북이는 시간상 80문제밖에 풀지 못하고 나머지 20문제는 찍었다. 토끼는 83문제를 맞혔다. 거북이는 80문제 중에 77문제를 맞혔지만, 찍은 20개 중에 6개를 맞춰서 83점이다. 점수로만 보면 이 둘은 똑같이 83점이지만 이 둘의 성향과 능력은 전혀 다르다. 단지 우리가 측정하고 있는 지표상에서 그 차이가 전혀 드러나지 않을 뿐이다.

왜 이 문제가 중요한지 생각해 보자. 시험 시간이 한 시간에서 한 시간 반으로 늘어나면 누구에게 유리할까? 먼저 토끼는 한 시간 안에 100문제를 다 풀었다. 시간이 늘어난다고 해도 더 많은 문제를 풀 수 있는 것은 아니다. 이미 풀은 문제를 한두 번 검토할 수 있을 뿐이다. 사실 대부분의 토끼는 문제를 다 풀고 시간이 남으면 시험장 밖으로 나가버린다. 반면 거북이는 다르다. 거북이에게 30분이 더 주어지면 100문제를 다 풀 수 있을 것이다. 그리고 거북이의 정답률은 96퍼센트이다. 답안을 검토할 시간까지 감안하면 거북이는 최소 95점 이상은 받을 것이다. 이전 지표에서는 동일하던 두 사람이 갑자기 10점 이상의 차이가 나는 것이다. 반대로 시험 시간을 45분으로 줄인다면 어떻게 될까? 그럼 역으로 토끼가 유리해진다.

물론 능력이 있는 사람은 보통 시간제한이 있든지 없든지 남들보다 잘하는 경향이 있다. 하지만 그렇지 않은 경우도 있다. 체스의 경우, 시간이 넉넉한 클래식 체스 랭킹 순위와 매우 빠른 속도로 전개되는 블리츠 체스 랭킹이 매우 다르다.[11]

#	클래식(Classic)	블리츠(Blitz)
1	Carlsen	Carlsen
2	Mamedyarov	Karjakin

---

11   2700chess.com/blitz, 2018년 2월 4일 기준

3	Kramnik	Grischuk
4	So	Aronian
5	Aronian	Nakamura
6	Vachier-Lagrave	Vachier-Lagrave
7	Nakamura	Artemiev
8	Caruana	Andreikin
9	Anand	Shkuro
10	Giri	So
11	Ding Liren	Caruana
12	Grischuk	Anand
13	Karjakin	Kasparov
14	Svidler	Yu Yangyi
15	Yu Yangyi	Ding Liren

클래식 기준 세계 2, 3위는 블리츠 기준으로는 20위 안에 없다. 반대로 블리츠 기준 7, 8, 9위는 클래식 기준 20위 안에 없고, 블리츠 2, 3위는 클래식 13, 12위에 불과하다.

체스 랭킹의 시사점은 무엇일까? 같은 사람이 같은 일을 하더라도 시간적 조건에 따라 성과가 다르게 날 수 있다는 것이다. 어떤 사람이 기대에 비해 성과가 나지 않는다면 능력이 문제인지, 그 사람이 일하고 있는 상황이 문제인지 생각해 볼 필요가 있다. 능력 경쟁에 강한 사람을 속도 경쟁이 필요한 자리에 놓았다면 배치를 잘못했거나 사람을 잘못 뽑은 당신의 책임도 있기 때문이다. 무턱대고 안 좋은 평가를 내리기 전에, 그 사람과 충분한 대화를 통해서 좀 더 성과를 낼 수 있는 다른 포지션으로 옮겨 주거나 일의 리듬을 바꾸어 볼 필요가 있다.

채용 상황과 연결을 시켜 보자. 만약 지원자가 향후 해야 할 일이 속도 경쟁에 가깝다면 채용도 속도 경쟁 기준으로 해야 한다. 대부분의 인지 능력 테스트와 면접은 속도 경쟁에 해당한다(물론 테스트들은 제한 시간을 얼마나 주는지에 따라 성격이 달라지는데, 대부분의 회사들은 채용에 긴 시간을 쓰지 않는다). 면접은 지원자의 실제 능력을 평가하기보다는 면접관이 좋아할 만한 답을 지어내는 순발력 테스트로 흘러가기 십상이다. 다시 한 번 이야기하지만 무엇을 측정해야 하는지 불명확하면 전혀 의도치 않은 것을 측정하게 된다.

가장 효과적인 채용 도구로 알려진 샘플 과업 테스트는 능력 경쟁에 가깝다. 어떤 직업들은 속도보다 능력이 중요하다. 예를 들어, 연구소 인력들은 시간제한에 쫓겨 일하기보다는 시간을 충분히 들이더라도 경쟁사를 뛰어넘는 혁신적인 결과를 내는 것이 중요하다. 또는 품질이 매우 중요한 경우에도 능력 경쟁이 중요할 수 있다. 의사라는 직업처럼 작은 실수에 목숨이 왔다 갔다 할 수 있는 일이라면 빠르게 많은 일을 해치우는 사람보다는 실수 없이 일할 수 있는 사람이 필요하다.

평가의 함정, 운

능력과 속도의 문제 말고도 평가를 어렵게 하는 요소가 또 있다. 바로 '운'이다.[12] 우리는 매출, 이익, 계약 건수 등 성과를 기준으로 사람을 평가한다.[13] 이는 성과가 좋은 사람은 그만한 노력을 기울였음을 가정한다. 하지만 잊지 말아야 할 것은 모든 성과에는 운의 요소가 있다는 것이다.

어떤 정해진 노력에 대해 높은/낮은 성과를 거둘 확률을 표현한다면 다음과 같다.

당신이 50점 받을 정도로 공부했다면 50점을 받을 확률이 가장 높

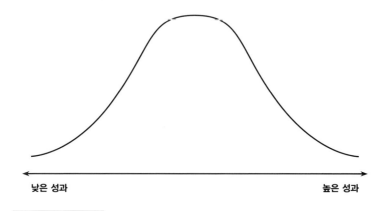

낮은 성과   높은 성과

---

12   운이 평가에 미치는 여러 요소에 대해서는 코세라(Coursera)에 있는 펜실베이니아 대학교 "People Analytics" 강의를 주로 참고했다.

13   기업의 KPI(Key Performance Indicator)에는 여러 과정지표도 들어가 있다. 하지만 실제 평가는 최종 성과만 보고 경영자가 직관적으로 평가하는 경우가 허다하다. 나머진 그저 평가 근거를 만들기 위한 요식 행위가 되기 십상이다.

겠지만 30점을 맞거나 70점 이하를 맞을 확률도 조금 있다. 10점을 맞거나 90점을 맞을 확률도 아주 작지만 존재한다. 위 그래프는 한 가지 노력(50점)에 대한 기대성과 그래프이다. 100점을 목표로 공부하는 것처럼 많은 노력을 기울였을 때와 50점을 목표로 공부했을 때의 그래프를 같이 그려보면 어떨까?

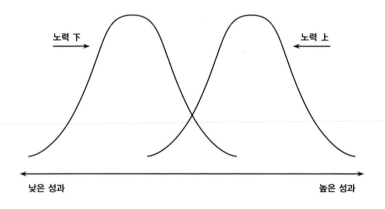

이런 상황이라면 높은 성과를 낸 사람은 좋은 평가를 받을 자격이 있다고 볼 수도 있을 것이다. 반면 열심히 노력한 사람이나 크게 노력을 하지 않은 사람이나 비슷한 성과를 내는 상황은 어떨까?

어떤 시험이 '변별력이 없다'라고 말할 때가 바로 이런 상황이다. 이런 상황에서 성과만 보고 사람들을 평가하는 것이 타당할까? 열심히 하지 않아도 운 좋게 좋은 평가를 받고, 열심히 해도 안 좋은 평가를

· 어서 와, 리더는 처음이지?

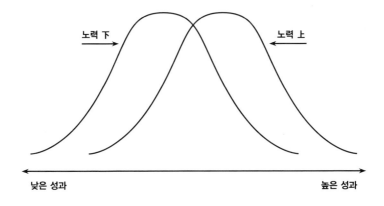

노력 下 ←→ 노력 上

낮은 성과 ←→ 높은 성과

받을 가능성이 높다면 사람들은 과연 열심히 일하려 할까?

기억해야 할 것은 사람들이 성과를 평가할 때, 운이나 상황적인 요소는 무시하는 경향이 있다는 점이다. 이것을 기본적 귀인 오류(fundamental attribution error), 혹은 과실편향성이라 한다. 운의 영향을 생각하지 않고 성과가 좋을 때는 사람들이 열심히 잘한 것이고, 성과가 안 좋을 때는 열심히 안 했거나 능력이 없는 것이라 생각한다는 것이다.

버클리 대학교의 폴 피프(Paul Piff) 교수는 수업 시간에 불공정한 모노폴리 게임을 진행했다.[14] 처음에 동전을 던져서 유리한 편을 정하는데, 유리한 참가자는 시작부터 두 배의 돈을 받고, 주사위를 두 개 던

---

14 폴 피프의 TED 동영상 "Does money make you mean?" 참고

지며(불리한 편은 하나), 보드 판을 한 바퀴 돌 때마다 두 배의 월급을 받았다.

흥미로운 점은 15분의 게임이 끝난 뒤 어떻게 게임을 이길 수 있었는지에 대해 물어보면 이 사람들은 자기가 전략적으로 어떤 땅을 샀고 어떤 건물을 지었다는 이야기를 했다는 것이다. 근본적 원인은 동전의 농간이었음에도, 마치 자기가 이 게임을 잘해서 이긴 것처럼 생각하는 것이다. 놀라운 결과는 여기서 그치지 않는다. 이 사람들은 주사위를 한 번 던질 때마다 마치 상대방 들으라는 듯이 보드를 쾅쾅 찍으며 말을 옮긴다. 중간에 상대방이 보는 눈앞에서 자기가 가진 돈을 세어본다. 일부러 참가자들 옆에 과자를 갖다 두고 누가 얼마나 먹는지 녹화하고 있었는데, 불리한 편은 과자를 거의 먹지 않는 반면 유리한 쪽은 두 배 이상의 과자를 먹는다.

회사에서도 이런 현상을 아주 명확하게 발견할 수 있다. 이전에 근무한 회사는 패션과 외식에 걸쳐 20여 종의 브랜드를 소유하고 있었다. 크고 작은 브랜드가 있고, 유행에 따라 브랜드의 인지도는 달라졌다. 모두가 열심히 노력해야겠지만 유행에 따른 대중의 관심은 운의 영역이다. 하지만 대중의 관심도가 높은 브랜드 사람들은 좋은 평가를 받고 다들 기분 좋게 출근하고, 잘 안 되고 있는 브랜드 사람들은 마치 죄인처럼 회사에 나와 온갖 경영진들의 핍박을 받는다. 여러분의 회사에서도 비일비재한 일 아닌가?

기본적 귀인 오류의 반대편에 가면 증후군(imposter syndrome) 혹은 사기꾼 증후군이 있다. 가면 증후군이란 자신이 별로 실력이 없는데 운이 좋아서 이 자리까지 왔다고 생각하면서 언젠가 본 실력이 드러나 망신을 당할까 봐 두려워하는 현상이다. 당신은 혹시 지금 리더 자리에 오른 것이 순전히 운 때문이라 생각하는가(가면 증후군), 전적으로 당신의 능력 때문이라 생각하는가(기본적 귀인 오류)? 양쪽 다 성과에 운이 미치는 영향을 극단적으로 해석할 때 나타나는 현상이다.

운에 대해 한 가지 더 기억할 개념은 평균 회귀 현상(regression to the mean)이다. 쉽게 표현하자면 DTD(Down Team Down)[15]란 뜻이다. 성과에는 운이 반영되기 때문에 원래의 실력보다 훨씬 좋은 성과나 나쁜 성과가 나올 수 있다. 장기적으로 보면 결국 자신의 실력이 반영된 결과가 나오게 된다.

잠깐의 좋은/나쁜 성과를 보고 섣불리 판단하면 안 된다. 경영학의 구루, 톰 피터스(Tom Peters)는 『초우량 기업의 조건』으로 일약 스타덤에 오른다. 그 유명한 맥킨지의 7S 프레임[16]이 이 책에서 나왔다. 이

---

15 프로야구에서 처음 나온 용어로, 하위권으로 지목됐던 팀이 예상 외로 선전하자 다른 팀 감독이 '내려갈 팀은 내려간다(Down Team Down)'라고 인터뷰한 데서 비롯됐다. 실제로 그 팀은 하위권으로 내려갔다.

16 회사를 일곱 개의 S(Strategy, Shared Value, Staff, Style, Skill, Structure, System) 관점에서 분석하는 프레임으로, 이 책을 쓸 당시 톰 피터스는 맥킨지 소속 컨설턴트였다.

책에서 선정한 43개의 초우량 기업들은 5년 후에 어떻게 되었을까?[17]

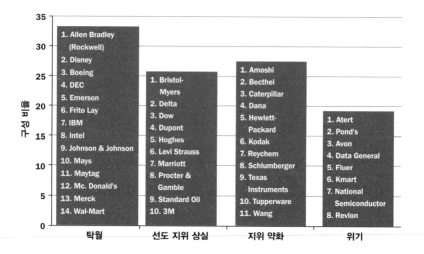

어떤 한 기간에 좋은 성과를 올렸던 사람이나 조직을 모아놓고 비교하면, 또다시 높은 성과부터 낮은 성과까지 다른 스펙트럼처럼 벌어진다. 중학교 때 공부 잘하던 학생들을 특목고에 모아놓아도 그 안에서 다시 잘하는 학생과 못하는 학생이 벌어진다. 회사에서 SKY생들만 따로 한 부서에 모아놓아도 그 안에서 고성과자와 저성과자가 나뉜다.

---

17 Richard T. Pascale, *Managing on the Edge: How the Smartest Companies Use Conflict to Stay Ahead*, TouchstoneBooks

어서 와, 리더는 처음이지?

성과에 미치는 운과 평균 회귀 현상 때문이다. 얼핏 보면 매우 당연한 법칙 같지만 우리는 여기에 잘 속는다.

저성과자 교육을 하니 성과가 좋아졌다

어떤 사람이 교육에 지원할까? 자기 실력보다 성과가 안 나오고 있는 사람들 아닐까? 성과는 나중에 평균으로 회귀하게 되어 있는데, 그것이 마치 교육팀의 성과인 것처럼 포장될 수 있다.

칭찬을 하면 성과가 나빠지고, 갈구면 성과가 좋아진다

이번에 평소 실력보다 좋은 성과가 났다면 다음번에는 다시 평소 실력으로 돌아갈 확률이 크다. 반대로 평소보다 못했다면 다음번에는 역시 평소 실력으로 돌아갈 확률이 크다.

이렇게 평균 회귀 현상이 마치 누군가의 성과/실패처럼 보이는 상황은 조직에서 수시로 일어난다. 어떤 의도가 있어서 일부러 속이는 것이 아니라, 보고하는 당사자도 그것이 평균 회귀 때문임을 인지하지 못한다. 그러므로 누군가가 당신에게 좋은 쪽이든 나쁜 쪽이든 성과가 변했다고 주장한다면 정말 어떤 원인이 있어서 벌어진 일인지 단순히 평균으로 회귀한 것인지 먼저 곰곰이 생각해보자.

평균 회귀 현상과 연관 있는 것이 대수의 법칙(law of large numbers)

이다. 여기서 대수는 대수롭지 않은 게 아니라 큰 수를 뜻한다. 당신이 만약 동전을 100번 던진다면 몇 번이나 앞면이 나올까? 46번이 나왔다고 치자. 자, 다시 100번을 던졌고 이번엔 57번 앞면이 나왔다. 이런 식으로 100회에 걸쳐 100번씩 동전을 던지면서 각 회차에 몇 번 앞면이 나왔는지 기록했다.

46, 57, 53, 42, 49, 47, 50, 58, ….
→ 평균 50.7(50.7퍼센트), 표준오차[18] 3.5(3.5퍼센트)

손목이 부서질 것 같아 동전 던지는 기계를 하나 마련했다. 이번엔 10,000번씩 100번 던질 것이다.

5012, 5003, 4955, 4988, 4997, 5076, 4962, 5035, …
→ 평균 5001.2 (50.01퍼센트), 표준오차 32.8 (0.33퍼센트)

이렇게 시도 횟수가 많을수록 변동 폭, 즉 표준오차가 작아진다. 시도가 많아질수록 결과가 기대치(평균)에 가까워진다는 것이 평균 회귀 현상이고, 시도가 많아질수록 결과 값의 변동 폭이 평균값을 중심으로

---

18 측정값들이 평균을 중심으로 어느 정도 펼쳐져 있는지 변동 폭을 나타내는 지표

	100번씩 100회	10,000번씩 100회	
평균	50.7%	50.01%	평균 회귀 현상
표준오차	3.5%	0.33%	대수의 법칙

줄어든다는 것이 대수의 법칙이다.

그렇다면 이 법칙은 평가에 어떤 영향을 미칠까? 만약 다른 조건이 비슷하다면 규모가 작은 사업부/브랜드일수록 극단적인 결과가 나올 가능성이 크다. 예를 들어 두 개의 공장이 있다고 하자. 두 공장은 같은 원료로 같은 제품을 만들며 설비와 기술도 같은 대신, 공장 A가 공장 B보다 생산량이 두 배 많다. 장기적으로 보면 공장 A와 공장 B의 불량률은 같아져야 한다. 단, 매주 A와 B의 불량률을 모니터링 한다면 A의 불량률은 상대적으로 변동 폭이 적은 반면 B의 불량률은 A보다 훨씬 높거나, 훨씬 낮은 주들이 많을 것이다. 그런데 당신이 대수의 법칙을 모르는 경영자라면 B의 불량률이 높은 주엔 책임자를 비난하고, 낮은 주엔 칭찬할 것이다. 일 년치 불량률이 A와 B가 비슷함을 보고 당신이 두 공장을 잘 관리하고 있다 착각에 빠질 것이다. 당신이 아무 것도 하는 일이 없고 그저 확률에 따라 그런 결과가 나오고 있음에도 말이다.

그렇다면
어떻게 평가해야 하는가?

평가를 이야기하면서 왜 운에 대해 길게 설명했을까? 그것은 운의 요소를 제외하고 누군가의 실력을 판단하기가 어렵기 때문이다. 즉, 성과를 보고 누군가를 섣불리 판단하기 전에 당신 부서에서 하는 일이 얼마나 운에 좌우되는지 먼저 따져 보아야 한다.

운에 의한 오류를 줄이는 가장 쉬운 방법은 장기적인 성과를 보는 것이다. 어떤 때는 운이 좋아 실력보다 좋은 성과를 낼 수 있고, 어떤 때는 반대의 경우가 생긴다. 이러한 변동은 장기적으로 보면 제로섬이 되기 때문에 평균적으로 보면 이 사람이 정말 실력이 있는지를 볼 수 있다. 방금 언급한 평균 회귀 현상 때문이다. 운동선수들을 생각하면 이해하기 쉽다. 농구선수들의 한 경기 야투율(슛을 던졌을 때 성공한 슛의 확률)은 특별히 높을 수도 낮을 수도 있지만, 한 시즌의 야투율은 그 선수의 슈팅 실력을 정확히 반영하게 된다.

운동선수에게 배울 수 있는 또 한 가지는 과정에 집중하는 것이다. 농구에서 똑같이 슛을 20번씩 던지면서 평소 7번 넣던 것을 갑자기 10번 넣기는 어렵다. 어느 날 운 좋게 10개를 넣더라도 그 다음 경기에는 평균 회귀 법칙으로 7개 이하가 들어갈 것이다. 슛에는 어느 정도 운의 요소가 있다. 다만 슛을 몇 번 던질까는 운이 상대적으로 적게

· 어서 와, 리더는 처음이지?

작용하는 요소다. 즉, 슛을 많이 넣기 위해서는 일단 많이 던져야 하고, 공격 기회가 많아야 하며, 실책을 줄이고 수비를 잘해야 한다. 그러려면 전술에 대한 이해도가 높으면서 기본기가 좋아야 한다.

정신력이 강한 선수는 20개를 던지면 그중 13개 정도는 안 들어간다는 것을 알고 있기 때문에 쉽게 흔들리지 않는다. 아마추어는 슛을 하나 던질 때마다 들어가는지 안 들어가는지에 따라 컨디션이 요동친다. 잘 들어간다 싶으면 무리하게 슛을 던지고, 잘 안 들어가면 슛을 아예 적게 던져서 득점할 기회 자체를 없애버린다. 미국은 프로 스포츠 팀에서 데이터 분석가를 고용해 선수들의 각종 경기 기록을 분석한다. 이러한 분석가들이 하는 일은 결국 시즌 전체의 기록을 최적화하는 것이다. 통계를 이해하면 순간순간 운이 어떻게 작용하든 꾸준히 과정에만 집중하는 마인드를 갖게 된다.

또 다른 사례는 '월간 윤종신'이다. 통상 가수들은 최소 1년 이상 음반을 준비해서 마케팅과 함께 새 음반을 발표한다. 한 번에 여러 곡들을 차트 상위에 올려놓으면 성공하는 것이고, 그게 잘 안 되면 준비한 음반 전체가 망하는 식이었다. 이러한 방식은 위험이 크기 때문에 싱글 앨범을 발표해 피해를 최소화할 수 있다. 가수 윤종신은 이것을 극대화해서, 매달 새로운 곡을 발표하기로 하고 아예 프로젝트 이름을 '월간 윤종신'이라 명명했다.

윤종신은 매월 곡을 발표하면서 성패에 크게 신경 쓰지 않았을 것이다. 흥행 성패에 연연했다면 신경쇠약으로 8년 동안 꾸준히 곡을 내지 못했을 것이다. 만약 윤종신에게 자신의 음악 활동을 어떤 기준으로 평가하느냐고 묻는다면 얼마나 꾸준히 월간 윤종신을 내느냐고 답하지 않을까 싶다.

시도의 꾸준함에 집중하다 보면 시도 또한 그 이전 단계의 결과임을 알 수 있다. 직장에서의 성과에도 마찬가지로 시도가 있다. 시도의 이전 단계를 거슬러 올라가다 보면 뭐가 나올까? 직장생활의 기본은 근태가 아닐까 싶다. 근태는 성과를 내기 위한 구조적 시도를 꾸준히 성실하게 반복하는 태도를 의미한다. 근태가 좋지 않은 사람은 상사가 자리에 없는 날엔 출퇴근 시간부터 바뀐다. 반면 근태가 좋은 사람은 자신의 원칙에 따라 움직인다. 그것이 진정한 자율이다. 무조건 사무실에 오래 앉아 있는다고 될 일이 아니다. 남들보다 일찍 출근해서 인터넷 뉴스나 보다가 애 보기 싫어서 하릴없이 늦게 퇴근하는 생산성 파괴범은 근태와 상관이 없다.

성과만 좋으면 됐지, 근태가 무슨 상관이냐고 하는 사람은 본인의 성과에는 운의 요소가 없고 전부 자기 능력과 노력의 결과라 주장하는 것과 마찬가지다. 어느 순간 운 나쁘게 성과가 안 나오면 그때는 안 좋은 성과에 대한 책임뿐 아니라 평소 근태에 대한 죄까지 뒤집어쓰게 된다.

당신이 리더라면 팀원들이 당신의 눈치 때문이 아니라 자신과의 약속에 의해 근태를 지키고 맡은 일을 성실히 하는 분위기를 만들어야한다. 그리고 팀원의 근태를 논할 때는 시간이 아니라 시도의 꾸준함이 기준이어야 한다. 시도를 체크하지 못하면서 회사에 얼마나 오래있었는지 보는 것은 전형적인 '꼰대'의 모습이다. 과정 하나하나를 꾸준히 밟아 나간다면, 평균 회귀 현상과 대수의 법칙이 당신 부서의 성과를 책임져 줄 것이다.

고민할 문제를 한 가지 더 던지자면, 리더는 인력 운영의 방점을 어디에 찍을지 생각해야 한다. 조직마다 '에이스'로 불리는 소수의 인재들이 있고, 그만큼 뛰어나지는 않지만 제자리에서 묵묵히 맡은 일을하는 두터운 평균 인력 층이 있다. 그렇다면 평가와 보상에서 '에이스'들을 얼마만큼 치켜세워줘야 할까?

리더인 당신은 아마 '에이스'에 속하는 쪽이었을 것이다. 게다가 요즘은 많은 회사에서 핵심인재의 중요성을 강조하는 추세다. 핵심인재들과 나머지 평범한 직장인들의 승진 속도와 보상 수준은 점점 벌어지고 있고, 인사팀에서 특별 리스트를 만들어 관리하는 경우도 많다. 그러다 보면 당신도 자연스럽게 소수의 인재들에게 좋은 평가와 보상을몰아줄 뿐만 아니라, 평소에 팀원들과 일할 때도 핵심인재 위주로 소통하고 칭찬하게 될 것이다.

그런데 이 상황이 너무 극단적으로 치달으면 문제가 생긴다. 우선조직이 아래부터 무너진다. 뛰어난 혁신은 아마도 에이스들로부터 오겠지만, 조직을 실제로 굴러가게 하는 것은 두터운 중간층 인재다. 조직 내 과반수의 사람들이 리더에게 인정을 받지 못하고 있다 느낀다면 그 조직이 유지될 수 있을까? 블라인드에 뒷말이 올라오고 직원들이 동요하기 시작하면 아마 당신은 모든 업무를 중단하고 뒷수습에만 매달려야 할지 모른다.

'에이스'들이 본인이 특별한 관리를 받는 대상임을 너무 의식하는 것도 문제다. 자기가 중요한 존재라고 스스로 생각하게 되면 관리의 이슈가 생기고 과도한 권리와 보상을 요구하게 된다. 교만한 자세 때문에 팀워크에 방해가 되기도 하고, 다른 팀원들을 자기보다 '수준이 낮은 사람' 취급할지도 모른다. 한편 반대로 성과에는 운의 요소가 있기 때문에 에이스들도 어떤 순간에는 낮은 성과를 낼 수도 있다. 그런데 그것 때문에 '특별히 관리 받는 대상'에서 누락되는 상황이 발생한다면, 필요 이상의 실망과 패배감을 불러일으킬 수 있다.

핵심인재에게는 적절한 인정과 보상이 필요하다. 그런데 '적절한' 수위가 어디인지는 확정하기 어렵다. 최악의 경우 에이스와 중간층, 어느 한쪽의 퇴사로까지 이어질 수 있다. 리더인 당신은 일 잘하는 사람들에게 눈길이 가게 마련이지만, 어떻게 운영해야 조직이 장기적으로 성과를 낼 수 있을지도 고민이 필요하다.

노력과 성과의
딜레마

이 장에서 꾸준히 이야기하고자 했던 것은 KPI는 공정한 평가를 위한 것이어야 하며, 그러기 위해서는 노력에 의한 성과와 운을 구분하기 위한 고민이 필요하다는 것이다. 만약 당신의 조직이 KPI를 가지고 평가한다면, 그런 고민들이 KPI에 담겨야 한다.

그런데 내가 경험한 상당수의 조직들이 운과 노력을 구분하는 데는 관심이 없고 누군가 평가 결과에 불만을 표했을 때 반박할 수 있는지에만 초점을 둔다. 노력 없이 운이 좋아 큰 성과를 낸 A와, 일 년 내내 고생했지만 천재지변과 같은 통제 불가능한 사건으로 성과를 못 낸 B가 있다고 하자. B가 A는 운이 좋았던 것뿐이고 노력은 내가 더 많이 했다며 자신의 평가가 A보다 낮은 것에 대해 관리자에게 따지러 간다. 하지만 관리자 입장에서는 A의 숫자가 당신보다 높다고 답하면 그만이다. B가 정말 더 고생했더라도 KPI에 노력과 관련된 지표가 없는 경우가 대부분이기 때문이다.

이런 상황에서 A와 B를 어떻게 평가할 것인가에서 그 회사의 철학이 드러난다. '운이든 노력이든 결과가 중요하다'인지, '노력한 사람이 최대한 보상받을 수 있도록 하겠다'인지. 만약 조직에 요행수만 바라며 어딘가에 묻어가려는 사람들이 즐비하다면 조직이 어떤 KPI를 가지고 있고 운과 노력을 어떻게 받아들이고 있는지 생각해 보자. 고생한 사람만 바보가 되는 조직은 분명히 존재한다.

성인도
성장할 수 있는가?

리더는 팀원을 성장시킨다. 아마 많이 들어본 문구일 것이다. 과연 '성장'은 무엇을 의미하는가? 성장은 경험과 지식이 쌓인다는 뜻일 수도 있다. 더 높은 학위를 따면 뭔가 성장한 것 같다. 승진을 한 사람에게 성장이라는 표현을 쓰기도 하고, 부하직원의 수가 많아진 것을 성장한 증거라고 생각할 수도 있다. 지능 지수가 더 높아지는 것을 성장이라 생각할 수도 있겠다. 여기서는 조금 다른 관점을 제시하고자 한다. 사람의 정신을 연구하는 발달심리학자들은 성장을 어떻게 정의할까?

발달심리학에서 말하는
정신의 성장

하버드 대학교의 발달심리학자인 로버트 키건(Robert Kegan)과 리사 라스코 라헤이(Lisa Laskow Lahey)는 정신의 발달(development)이 무엇인지 다음과 같이 설명한다.[19]

사람마다 주변 현상과 세상을 해석하고 받아들이는 방식이 있다. 그런데 정신이 얼마나 성숙했는지에 따라 받아들이는 방식의 수준이 다르다. 단순한 공식에 대입해서 이해하는 사람도 있고, 여러 상황과 근거를 다각적으로 바라보고 해석하는 사람도 있다. 사람이 세상을 받아들일 때 고려하는 복합적인 요소를 정신복잡도(mind complexity)라 한다.

원래 1990년대까지 발달심리학자들은 정신의 성장이 신체의 성장이 멈출 때쯤 같이 멈춘다고 생각했다. 그 생각의 근거는 인간의 뇌 용량이 일정 나이가 지나면 더 커지지 않는다는 데 있었다. 즉, 그들이 생각한 나이에 따른 정신복잡도를 그래프로 그리면 다음과 같다.

---

19 Robert Kegan, Lisa Laskow Lahey, *An Everyone Culture*, Harvard Business Review Press 2장 내용을 요약했다.

· 어서 와, 리더는 처음이지?

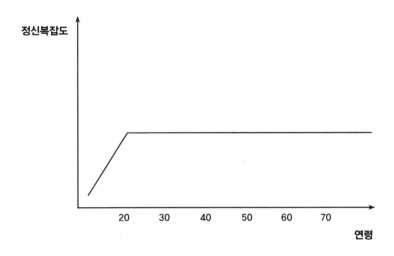

발달심리학자들이 성인의 정신 성장에 대해 더 깊게 연구하면서, 그리고 과학자들이 인간의 뇌에 대해 더 많은 것을 밝혀내면서 성인의 정신도 성장할 수 있다는 것을 알게 되었다. 이제 발달심리학자들이 생각하는 정신복잡도와 시간의 그래프는 다음과 같다.

정신복잡도에는 세 단계가 있다. 사회적 정신(Socialized Mind)은 규율을 따라 다른 사람들과 팀으로 일할 수 있는 단계이다. 자기 통제적 정신(Self-authoring Mind)이 되면 자신만의 사고체계를 가지고 일할 수 있다. 가장 높은 단계인 자기 변혁적 정신(Self-transforming Mind)은 여러 가지 사고체계를 객관적으로 바라볼 수 있는 단계이다.

어릴 때는 주로 부모님으로부터 세상이 어떤 곳이고 어떻게 행동

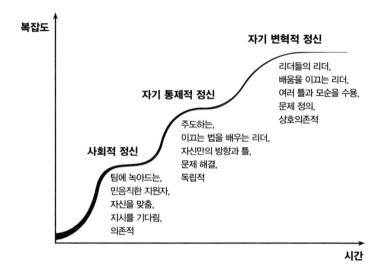

해야 하는지를 배운다. 학교에 입학하면 행동 기준이 친구들로 바뀌게 되고, 옳고 그름의 기준이 내가 친구들과 어울릴 수 있고 없음의 기준이 된다. 타인이 세워놓은 기준에 자신을 맞출 수 있는 사회적 정신의 단계에 들어서는 것이다.

남들이 하는 것을 보고 따라 하는 것은 분명 조직에서 생존하는 법을 배우는 빠르고 효과적인 방법이다. 그런데 옳고 그름의 가치관이 분명하지 않은 상황에서 그릇된 기준을 받아들일 수 있다는 것이 문제이다. 이 관점에서 보면 일부 학생들이 왜 친구들과 어울리기 위해 술, 담배 등을 시작하게 되는지 알 수 있다.

그런데 어른이 되어서도 사회적 정신 단계를 벗어나지 못할 수 있

어서 와, 리더는 처음이지?

다. 그런 사람들은 남들이 나를 어떻게 바라볼지를 과하게 의식한다. 자신이 소속되어 있던 조직에서 버림받는 것을 두려워하며, 조직을 배반하는 것에 매우 민감하다. 혹시 '우리가 남이가'를 외치며 자기 조직에는 득이 되지만 도덕적·법적으로 옳지 않은 행동을 하는 사람이 있다면 아직도 사회적 정신 단계에 매여 있는 것으로 볼 수 있다.

여러 경험이 축적되고 다른 사람들은 세상을 어떻게 바라보는지 다양한 관점을 접하다 보면, 세상을 바라보는 자신만의 관점이 생긴다. 이것이 자기 통제적 정신이다. 이 단계가 되면 비로소 모두가 '예'할 때 '아니오' 할 수 있다. 사회적 정신은 모두가 '예' 하면 절대 '아니오' 하지 못한다. 자기 통제적 정신에 이르러야 자신만의 관점을 남들에게 주장할 수 있으며, 가보지 않은 곳으로 남들을 이끄는 리더가 될 수 있다.

다만 이 단계는 자신의 관점에 너무 심취한 나머지 그것 또한 세상을 바라보는 불완전한 관점 중 하나라는 것을 잊을 수 있다. 그렇게 되면 남, 특히 자기보다 아랫사람들에게 자신의 관점을 강요하게 된다. 자신만이 옳은 사람이고 내가 시키는 대로 하면 된다고 생각하는 것이다. 회사를 다니다 보면 임원들 중에 자신만의 성공 방정식에 빠져 남의 이야기를 듣지 않는 사람이 있다. 이런 분들은 자기 통제적 정신을 가지고 성공했지만 그 성공 경험 때문에 이 단계를 뛰어넘지 못한 경우라고 볼 수 있다.

가장 높은 정신복잡도의 단계는 자기 변혁적 정신이다. 자신만의 관점은 있지만 필요에 따라 그 관점을 잠시 벗어두고 다른 관점으로 세상을 볼 수 있는 사람, 자신의 관점에 왜곡된 부분이나 잘못된 가정이 있지는 않은지 객관적으로 바라볼 수 있는 사람, 모순된 관점을 가진 사람과 만나도 싸움으로 이어지는 것이 아니라 관점을 통합할 수 있는 사람, 그래서 자신의 관점을 끊임없이 보완하고 완성도를 높여가는 사람이다.

뇌과학자 정재승 교수는 한 인터뷰에서 '가장 위대하고 고등한 사고는 자기 객관화'라고 했다. 실제로 이런 경지에 이른 분들은 거의 만나기 어렵다.

리더가
성장의 핵심이다

좋은 소식이 있다. 성인들도 정신이 성장할 수 있다는 것이다. 안 좋은 소식도 있다. 모든 성인이 성장하지는 않는다는 것이다. 자기 변혁적 정신에 이르는 사람이 과연 몇 퍼센트나 있을까? 수백 명을 대상으로 한 메타 연구들[20]에 의하면, 자기

---

20 R. Kegan, *In Over Our Heads*, Harvard University Press
  W. Torbert, *Managing the Corporate Dream*, Irwin Professional Pub

변혁적 정신에 이르렀다고 판단된 사람은 단 1퍼센트에 불과했다. 사회적 정신 이하에 머물러 있거나 사회적 정신과 자기 통제적 정신 사이에 있다고 판단된 사람은 거의 60퍼센트에 달했다.

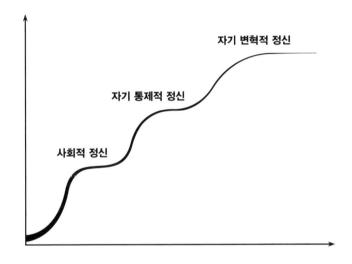

그래프 선이 점점 얇아지는 것이 보이는가? 위로 갈수록 거기까지 도달하는 사람이 적어진다는 것을 의미한다. 그렇다면 어떻게 해야 더 높은 단계에 도달할 수 있을까? 여기에는 주변 사람, 특히 리더들의 도움이 필요하다.

우선 성인의 정신도 성장할 수 있다는 생각을 가져야 한다. 『멀티플라이어』의 저자 리즈 와이즈먼은 리더를 멀티플라이어(multiplier)와 디미니셔(diminisher) 두 가지로 분류한다. 멀티플라이어는 구성원들을 더 훌륭하고 똑똑한 사람으로 만드는 리더를, 디미니셔는 구성원들의 지성과 능력을 없애는 마이너스 리더를 뜻한다.

이들의 가장 큰 차이는 무엇일까? 리즈 와이즈먼에 따르면 그 차이는 '주변 사람들이 성장할 수 있다고 생각하는지'에 달려 있다. 사람이 성장할 수 있다고 믿는 멀티플라이어는 적절한 기회를 제공하고 코칭, 피드백을 통하여 사람을 성장시키는 반면, 더 이상 성장할 수 없다고 믿는 디미니셔는 자신의 능력을 과시하며 팀원들의 사기를 갉아먹는 방향으로 조직을 운영한다.

자기 변혁적 정신에 다다르려면 주변 사람의 피드백이 필요하다. 평범한 우리는 자신이 세상을 이해하고 반응하는 방식에 어떤 문제가 있는지 쉽게 깨닫기 어렵다. 주변 사람들과 적시에 솔직한 피드백을 주고받아야 성장할 수 있는 것이다. 그렇다면 어떤 피드백이 좋은 피드백일지 좀 더 살펴보도록 하자.

FB101 피드백 개론

사회생활을 하면서 피드백을 받아본 적 있는가? 상사에게 형식적인 몇 마디를 들은 것이 전부는 아닌가? 대부분의 회사들이 평가 시즌마다 면담을 진행해서 평가 등급을 나누고 피드백을 주지만, 리더들 상당수가 평가 등급만 알려주고 말거나, 피드백이 아니라 평가 등급에 대해 해명한다. 리더가 되었다면 이제 본격적으로 당신이 피드백을 줘야 할 차례다.

피드백은 상당히 어려운 작업이다. 감정이 소모되기 때문이다. 칭찬할 것은 칭찬하고 지적할 것은 지적해야 하는데, 아랫사람이라 하더라도 단점을 이야기하는 것은 쉬운 일이 아니다. 게다가 피드백을 줘야 할 부하직원이 한두 명이 아니라면 대충하고 넘기고 싶은 마음이 가득

할 것이다. 게다가 요즘 젊은 세대들은 SNS로만 소통한다. 친한 사이가 아니라면 얼굴을 맞대고 직접 이야기하는 것 자체가 곤혹이다.

피드백 내용도 문제다. 이건 잘했다, 저건 좀 아쉽다 몇 마디 하면 더 이상 할 말이 없다. 어떤 말들은 자칫 잘못하다 '꼰대' 소리 들을까 걱정이다. 물론 인사팀에서 가이드 받은 질문이 있겠지만, 이 친구가 퇴사 징후가 있는지 어떻게 안단 말인가?

"절대 퇴사하면 안 돼. 내 고과점수 깎여. 퇴사하고 싶으면 꼭 먼저 나한테 이야기해."

그렇게 신신당부할 뿐이다.

정신모형과 학습의
세 가지 단계

『진정성이란 무엇인가』의 저자 윤정구 교수에 따르면, 학습에는 세 가지 단계가 있다.[21] 이 세 가지 단계를 설명하려면 우선 정신모형에 대해 이해해야 한다.

정신모형에는 크게 두 가지가 있다. 정신모형 I는 행동에 막대한 영향을 미치는 이론이지만 믿음이나 신념으로 변화해서 더 이상 판단의 대상이 아닌, 암묵적 지도의 형태로 변화한 이론이다. 정신모형 I는 과

---

21 윤정구 지음, 『진정성이란 무엇인가』, 한언

거의 경험을 통해서 검증된 이론들의 체계로 현재의 삶에 적합한 습관적 행동을 가이드해 준다.

반면 정신모형 II는 사명에 따라 자신이 미래에 성장해 있는 모습을 상정하고 이에 대한 믿음을 발전시켜 만든 모형이다. 이러한 정신모형 II는 현재의 연장선상이 아니라 현재와 질적으로 다른 미래의 삶을 그리며 생성된다. 정신모형 I은 자신도 모르는 사이에 암묵적으로 사고방식을 지배하고 있다가, 정신모형 II가 생긴 후에야 그 존재를 드러낸다. 이것을 깨닫게 된 사람은 자신이 지금 세상을 어떤 식으로 바라보고 있고(정신모형 I), 앞으로 어떤 사람이 되어야 하며(정신모형 II), 때문에 그 두 가지 모형 사이에 어떤 차이가 있는지 알 수 있다. 자신의 정신모형 I과 II를 끊임없이 비교하며 사명을 향해 나아가는 사람이 바로 진성리더(authentic leader)가 된다.

다시 학습의 세 단계로 돌아와 보자. 우선 일원학습(single-loop learning)은 남에게 배워서 아는 것이다. 우리가 어릴 적 학교에 다니며 배우는 지식과 사회규범, 어른이 되어서도 책이나 강의를 통해 배우는 것들이 여기에 속한다. 이원학습(double-loop learning)은 경험을 통해서 배우는 것이다. 우리는 나름대로의 정신모형 I, 혹은 자기 통제적 정신을 가지고 주변 상황을 해석하고 받아들이며 그에 따라 행동한다. 이러한 행동의 결과는 우리가 예측한 결과와 같을 수도 있고 다를 수도 있다. 내가 생각한 대로 되지 않은 부분을 놓고 정신모형 I의 어떤 부분이 부족한지 파악하는 것이 이원학습의 과정이다.

의외로 많은 사람들이 자신의 정신모형에 문제가 있어서 실수나 실패를 했음에도 그것을 피드백(이원학습)하지 않고 지나간다. 실수나 실패의 원인을 주변 환경이나 운의 영향으로 돌리는 것이다. 이렇게 잘못된 정신모형 I이 그대로 방치되면 다음번 유사한 상황에서도 똑같은 실수나 실패를 할 가능성이 크다.

또 다른 문제는 예상치 못하게 혹은 예상보다 성공한 경우다. 성공이라는 결과만 놓고 보면 좋은 일이겠지만, 예상과 다르게 성공했다면 문제가 된다. 그것 또한 정신모형에 문제가 있다는 뜻이기 때문이다. 예상치 못한 성공이야말로 주변 환경이나 운의 영향일 수 있는데, 이를 정신모형 I에 문제가 없는 것으로 받아들이면 피드백이 일어나지 않는다. 정신모형 I이 그대로이니 이후에 비슷한 상황이 발생했을 때 똑같은 방식으로 행동하게 되는데, 그때는 이전과 같은 성공을 거둘지 장담할 수 없다. 예상치 못한 실패뿐 아니라 예상치 못한 성공도 피드백해야 하는 이유다.

가장 높은 단계인 삼원학습(triple-loop learning)은 자신의 정신모형 II를 정신모형 I과 비교하여 어떤 부분이 부족한지를 피드백하는 것이다. 즉, 삼원학습의 전제조건은 자신이 추구하는 정신모형 II가 존재한다는 것이다. 이 단계의 피드백이 가능하다면 현재 자신이 세상을 바라보는 안경(정신모형 I)에 매몰되지 않고 잠시 그 안경을 벗어서 객관적

· 어서 와, 리더는 처음이지?

으로 자신의 관점을 진단할 수 있는 단계이므로, 발달심리학 개념으로는 자기 변혁적 단계(self-transforming mind), 즉 자기 객관화에 이르렀다고 볼 수 있다.

	학습의 근원	정신 단계
일원학습	외부 (책, 강의, 주변 사람 등)	사회적 정신
이원학습	경험 (예기치 못한 성공이나 실패)	자기 통제적 정신
삼원학습	내부 (되고자 하는 모습)	자기 변혁적 정신

이 개념을 기억하며 어떻게 스스로를 피드백할 것인지, 그리고 어떻게 다른 사람과 피드백을 주고받을지 살펴보자.

무엇을
피드백할 것인가?

피드백을 주기 전에 위에서 언급한 학습의 단계를 떠올리면 내용 정리에 도움이 된다. 자기 자신을 피드백할 때도 마찬가지다.

- **일원학습에 대한 피드백**

잘하고 있는 일, 전문성이 돋보이는 부분에 대해 칭찬한다.

좀 더 지식 습득이 필요한 부분에 대해 격려한다.

- **이원학습에 대한 피드백**

팀에 대한 기여, 성과에 대해 칭찬한다.

실수하거나 기대에 못 미쳤던 부분에 대해 솔직하게 언급한다.

- **삼원학습에 대한 피드백**

되고자 하는 모습을 구체화할 수 있도록 도와준다.

되고자 하는 모습과 현재 모습의 차이를 짚어준다.

실제로 팀원에게 피드백했던 사례를 소개하고자 한다. 당시 나는 컨설턴트로서 데이터 분석 프로젝트를 진행하며 미국인들과 소통하고 있었다. 우리 팀원 한 명이 분석해야 할 데이터를 미국에 요청하면서 의도치 않게 잘못된 수신자에게 다소 무례한 메일을 보내서 문제가 되었다.

사태를 수습하고 그 팀원에게 다음과 같이 피드백을 주었다.

"영어로 메일을 보내는 것이 익숙하지 않아서 현지인이 보기에 무뚝뚝하게 비친 것 같다."

→ 영어에 대한 피드백이므로 일원학습에 대한 피드백으로 볼 수

있다.

"수신자가 참조자로 되어 있고, 참조자가 수신자로 되어 있다. 불필
요하게 참조자 목록에 임원까지 들어가 있어 일이 커졌다."
→ 이 팀원은 예전에도 비슷한 식으로 메일을 보냈는데 그때는 문제
가 없었다고 했다. 이 내용은 지식의 문제라기보다 경험(과거 프로젝트
에서의 이메일 소통)에 의한 판단(누가 수신자이고 누가 참조자여야 하는지)에
실수가 있었던 것이므로 이원학습에 대한 피드백이다.

"팀에서 분석 역할을 주로 맡고 있지만, 우리는 컨설턴트로서 프로
젝트를 수행하고 있다. 본인이 5년 10년 후에 데이터 분석 전문가
가 되고 싶은지, 팀을 리드하는 컨설턴트가 되고 싶은지 고민했으면
한다. 컨설턴트가 되려면 이번 이메일 건뿐만 아니라 전반적인 소통
능력에 더 신경 써야 한다."
→ 이번 일에 대한 피드백이라기보다 본인이 무엇이 되고 싶은지(정
신모형 II)를 언급하고, 그 정신모형 II와 지금의 차이에 대해 이야기
했다. 삼원학습에 대한 피드백이다.

대부분의 사람들이 일원학습이나 이원학습에 대한 피드백에서 그
친다. 직장생활을 하면서 삼원학습 관점에서 피드백해 주는 상사를 별

로 만나지 못했다. 일원학습과 이원학습 관점의 피드백을 열 번 듣는 것보다 삼원학습 관점의 피드백 한마디가 듣는 사람의 인생에 훨씬 더 큰 영향을 줄 수 있다. 전자는 이미 일어난 일에 대한 구체적인 언급이기 때문에 '다음번에도 그렇게 해야지', '다음에 더 잘해야지' 하면 그만이지만, 후자는 자신이 되고자 하는 모습이 무엇인지에 대해 곱씹게 되기 때문이다.

솔직한 피드백을
주기 부담스러울 때

피드백을 하다 보면 칭찬이 필요할 때도 있고 지적이 필요할 때도 있다. 아무리 상사라 해도 솔직한 피드백을 주기 부담스럽다. 인간은 관계의 동물이기 때문이다.

구글과 애플 등을 거쳐 실리콘밸리 CEO들의 리더십을 코칭해 주고 있는 킴 스콧(Kim Scott)은 『극단적인 솔직함*Radical Candor*』에서 상사와 부하의 관계를 네 가지 유형으로 나눴다.[22] 첫째, 솔직하면서도 개인적인 관심을 보여주는 극단적인 솔직함(Radical Candor)이다. 둘째, 관심은 있지만 직원의 부정적 반응을 두려워해 쓴소리를 못하는 경우

---

22 bit.ly/어서와리더는처음이지_14-1, bit.ly/어서와리더는처음이지_14-2
유튜브 강연 참조: Radical Candor - The Surprising Secret to Being a Good Boss

· 어서 와, 리더는 처음이지?

는 파괴적인 공감(Ruinous Empathy)이다. 착한 상사가 되어야 한다는 콤플렉스 때문에 직원들의 커리어를 정체시키기 때문이다. 셋째, 반대로 쓴소리는 하지만 개인적인 관심이 없는 불쾌한 공격성(Obnoxious Aggression)이다. 부하의 성장을 돕는 것이 아니라 공격하기 위한 무기로 피드백을 주는 것이다. 아예 쓴소리를 안 한 것보단 낫지만 심하면 역효과가 난다. 마지막으로, 쓴소리도 못하고 관심도 없는 상사가 있는데 이는 관리 불성실(Manipulative Insincerity)이다.[23]

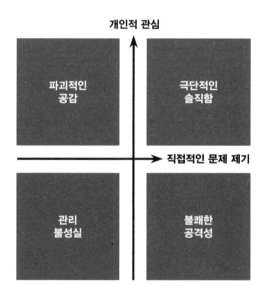

리더가 추구해야 할 모습은 극단적인 솔직함이다. 처음 들을 때는 기분이 나쁠지 몰라도 그것이 본인의 성장에 도움이 된다면 듣는 사람도 결국 받아들인다. 반면 그때그때 쓴소리를 하지 않고 지나가면 타이밍을 놓친다. 같은 잘못이 여러 번 반복되는데 저번에 그냥 넘어간 것을 이제 와서 뭐라 하기도 그렇다. 조직에도, 팀원 자신에게도 손해다.

사회생활을 하면서 처음 들었던 피드백이 기억에 남는데, 내가 프레젠테이션을 잘 못한다는 것이었다. 사실 충격을 받았다. 취업하기 직전까지 대학교에서 여러 팀 프로젝트의 발표를 도맡아 했었고 점수도 잘 받았다. 게다가 신입사원이라 그 피드백을 듣기 전까지 남 앞에서 무언가를 발표한 적이 없었다. 내가 프레젠테이션을 잘 못하는지 상사가 대체 어떻게 안단 말인가?

알고 보니 나의 상사는 평소에 내가 맡은 일을 자신에게 어떻게 설명하는지를 보고 나를 평가한 것이었다. 여러 사람들을 모아서 앞에 자료 화면을 띄워놓고 장황하게 발표하는 상황 말고 평소 대화에서 정보를 전달하는 능력을 본 것이다. 돌이켜 보니 말할 내용을 미리 준비하고 외우다시피 연습해서 발표하는 것엔 익숙했지만, 평소에 말을 조리 있고 이해하기 쉽게 하지 못했다. 피드백을 받고 상사와 팀 사람들이 말을 어떻게 하는지 유심히 듣기 시작했고, 몇 달이 지나자 컨설턴트에 걸맞는 대화를 할 수 있었다.

피드백 스킬에 관한 팁

피드백의 기술적 측면을 다룬 책들은 이미 많지만 실제 겪었던 사례 위주로 정리해 보았다.

① 무조건 일대일로 한다

피드백은 무조건 일대일로 해야 한다. 피드백 대상이 많으면 그냥 팀원들을 두세 명씩 모아놓고 한 번에 진행하고 싶겠지만 아서라. 동료가 옆에 있는데 상사가 나의 단점에 대해 이야기한다면 그 이야기를 듣고 단점을 고쳐야겠다는 생각보다는 수치심과 상사에 대한 분노만 올라올 것이다. 마음이 열린 상태로 들어야 칭찬이든 지적이든 받아들일 수 있다.

같은 맥락에서 가장 어리석은 팀장은 남들 앞에서 자기 팀원들 지적하는 사람이다. 리더십을 잃는 지름길이다. 컨설팅을 하면서 만났던 가장 황당했던 팀장은 고객 앞에서 자기 팀 보고서 지적하는 사람이었다. 미팅 중에 고객이 어디가 이상하다고 이야기하면 옆에서 '내가 전에 이야기했던 건데 왜 아직 안 고쳤어요?' 하며 거들었다. 누구도 그 팀장을 존경하지 않았다.

② 면담은 팀원에 대해 이야기하는 시간이다

20분간 면담하면서 17분 동안 자기 이야기를 하는 사람들이 있다.

그건 면담이 아니라 교장 선생님 훈시다. 자기 자랑을 통해 듣는 사람이 무언가 깨닫길 기대했는지 모르겠지만, 대부분의 사람들은 남이 하는 자기 자랑을 한 귀로 듣고 한 귀로 흘린다. 내 이야기를 들어주고 나에게 필요한 조언을 해주는 것이 아니라 자기 이야기만 하고 있다면 그런 면담 시간이 진심으로 들릴 리 없다.

그리고 팀원에 대한 나의 의견을 전달하는 것도 중요하지만, 그 의견에 대해 상대방이 어떻게 생각하는지 충분히 듣는 시간이 필요하다. 내가 팀원에 대해 오해하거나, 팀원이 날 오해하고 있을 수도 있다. 또한 내가 알지 못하는 팀원의 장점이 있을 수도 있고, 의외로 팀원이 내가 잘못하고 있는 부분에 대해 이야기해 줄 수도 있다. 그러려면 상대방이 무슨 이야기를 해도 일단 듣겠다는 존중의 모습을 보여야 한다. 한마디 꺼낼 때마다 '아, 그건 말이죠' 하면서 말을 끊고 변명한다면 팀원은 곧 입을 닫고 너나 떠들라는 자세로 돌아설 것이다.

③ 억지로 칭찬하지 않는다

피드백 스킬 중에 샌드위치 전략이 있다. 칭찬을 먼저 하고 부정적인 피드백을 하든지, 칭찬과 칭찬 사이에 부정적인 피드백을 넣으라는 것이다. 정말 칭찬할 거리도 있고 지적할 거리도 있다면 이렇게 할 수도 있겠지만, 듣는 사람 입장에서는 부정적 피드백을 하기 위해 억지로 앞에 듣기 좋은 말을 붙인 것처럼 느낄 수 있다.

더 큰 문제는 부정적 피드백을 받은 사람은 그 전에 들은 칭찬을 아예 잊어버릴 수 있다는 것이다. 스탠퍼드 대학교의 클리포드 나스(Clifford Nass)와 코리나 옌(Corina Yen)은 『관계의 본심』에서 역행 간섭(retroactive interference)에 대한 실험을 소개하는데, 역행 간섭이란 부정적인 이야기를 들었을 때 사람들이 그 전에 들은 이야기를 기억하지 못하는 현상을 뜻한다. 실제 실험에서 사람들은 긍정적인 이야기를 듣고 부정적인 이야기를 들었을 때 대부분 긍정적인 이야기를 기억하지 못했다. 부정적인 이야기를 먼저 하고 긍정적인 이야기를 하는 것이 더 효과적이었는데, 여기서도 예외는 있었다. 긍정적인 이야기가 너무 뻔한 칭찬일 경우다. 칭찬은 더욱 구체적이고 자세하게 해야 한다.

④ 무엇을 기대하는지 평소에 명확히 밝히자

기대 수준 혹은 목표 수준 대비 현재의 모습이 어떤지 차이를 알려주는 것이 피드백이라 볼 수 있다. 기대 수준 이상의 모습을 보였다면 긍정적인 피드백을 줄 것이고, 그렇지 못했다면 부정적인 피드백을 해줘야 할 것이다. 기대 수준이나 목표 수준이 회사에서 제시된 것이라면 일원학습이나 이원학습에 해당하는 피드백이고, 자기 자신이 그린 목표(정신모형 II)와의 비교라면 삼원학습에 해당하는 피드백이 된다.

문제는 피드백을 주는 사람이 기대한 모습과 받는 사람이 생각한 모습이 전혀 달랐을 때에 있다. 이때는 피드백을 줘도 듣는 사람 입장에서는 '내가 그런 역할을 해야 하는지 몰랐다'며 반발이 있을 수 있다. 예를 들어 상사는 어떤 팀원에게 신입사원을 가르치는 역할을 기대하고 그렇지 못했던 부분에 대해 피드백을 줄 수 있지만, 그 팀원은 자신이 신입사원을 가르쳐야 한다는 말을 그 자리에서 처음 들었을 수도 있다. 이래서 평소에 누구에게 무엇을 기대하는지 자주 소통하는 것이 중요하다. '알아서 하겠지' 내버려두거나 '왜 자기가 해야 할 일을 알아서 안 챙기지?' 하고 속으로만 생각하고 있으면 갈등을 키울 수 있다.

면담에서 이야기하는 뉘앙스와 인사평가 결과는 어느 정도 일치해야 한다. 성격에 따라서 남에게 부정적인 피드백을 주는 것이 부담스러울 수도 있다. 그러다 보니 실제로는 마음에 안 드는 부분이 있는데 면담 자리에서는 잘한 부분을 칭찬만 하고, 정작 인사평가 때는 박하게 평가를 줄 때가 있다. 이럴 경우 당연히 평가를 받는 입장에서는 반발이 들 수밖에 없다. 만나서 이야기했을 때는 분명 좋은 말만 해주며 기대를 부풀려 놓고, 정작 인센티브와 승진이 달려 있는 평가 점수는 엉망이기 때문이다. 기대수준 관리(expectation management)를 잘못한 것이다.

⑤ 감정적이지 않게 피드백한다

서로 감정이 상하지 않으려면 첫째, 사실에 기반을 두어야 하고, 둘째, 사람이 아니라 일에 대해 피드백을 줘야 한다. 무턱대고 "김 대리는 일처리가 깔끔하지 못한 것 같아" 하는 것은 핀잔이지 피드백이 아니다. "오늘 A를 처리하면서 B 같은 내용은 미리 꼭 챙겨야 하는 부분인데 놓친 것 같아요. 잘못하면 C 같은 일이 발생할 수 있으니 다음부터는 꼭 미리 확인하는 것이 좋겠습니다" 같이 구체적인 내용과 이유가 있어야 배울 수 있다.

부정적인 피드백을 감정적이지 않게 하려면 화가 난 그 상황에서 바로 피드백하지 말고 참아라. 일단 푹 쉬고, 맛있는 것을 배불리 먹은 상황에서 팀원을 불러 피드백을 전달하는 것이 좋다. 부부 싸움이 언제 일어나는가? 피곤하고 배고플 때 서로 짜증내다 일이 커진다.

⑥ 적시에 피드백한다

피드백은 칭찬이든 지적이든 적시에 주어야 한다. 피드백의 목적은 상대방을 성장시키는 것이지 인사평가의 근거를 만드는 것이 아니다. 언제나 서로 피드백을 주고받을 수 있는 분위기를 만들어야 한다. 가끔 평소 할 말들을 모아두었다가 인사평가 시즌에 몰아서 전달하는 사람들이 있다. 아무리 진심이더라도 평가 결과를 납득시키기 위한 핑계처럼 받아들여질 수 있다.

다시 한 번 강조하자면 조언하는 사람의 진심이 가장 중요하다. 팀원을 구박하는 마음으로 말하는 것과 진심으로 팀원이 잘되길 바라며 해주는 말은 논리와 화법과 상관없이 티가 난다. 피드백을 주기 전에 '이 팀원이 나에게 어떤 존재인지' 생각해 보자. 이 사람이 나와 같이 일하는 동안 역량적인 면에서 그리고 인격적인 면에서 조금이라도 발전했으면 좋겠고, 지금 내가 해주는 말들이 이 사람의 5년 후, 10년 후 모습에 영향을 미쳤으면 좋겠다고 생각한다면 서툴러도 그 사람에게 도움이 되는 말을 해줄 수 있다. 그런 신뢰가 없는 상태에서는 아무리 화려한 피드백도 의미가 없다.

백문불여일견,
백견불여일행

여러 가지를 고려해서 팀원에게 어렵게 피드백을 건넸다. 이제부터 팀원의 행동이 바뀔까? 그렇다면 우리가 사는 세상은 좀 더 아름답고 행복했을 것이다. 한 번 이야기하면 보통 삼일 정도 유효하다. 작심삼일은 스스로 다짐한 것뿐만 아니라 남에게 들은 것에 대해서도 해당된다. 작심삼일의 법칙이라 불러야 할 지경이다.

백문불여일견(百聞不如一見), 백 번 듣는 것보다 한 번 보는 것이 낫다는 뜻이다. 이것을 변형하면 백견불여일행(百見不如一行), 백 번 보는 것보다 한 번 해보는 것이 낫다는 말이 된다. 그렇다면 한 번 해보는 것 같은 효과를 내려면 몇 번을 말해야 할까? 한 번 제대로 일해 보는 것이 만 번 듣는 것과 같다. 이와 마찬가지로 좋은 리더를 만나는 것이 직장생활에서 너무나 중요하다. 공부는 독학할 수 있지만 일을 독학하기란 매우 어렵기 때문이다.

평가에서 이야기했던 과실편향성을 기억하는가? 이상하게 일할 수밖에 없는 상황과 제도를 만들어 두고는 사람을 탓하는 경우를 심심찮게 찾을 수 있다. 팀원끼리 경쟁시키는 평가제도를 만들어두고 같이 협력하라고 백 번 말해 봐야 일이 그렇게 될까? 똑똑한 사람이 멍청한 짓을 하면 그 사람을 탓하기 전에 왜 멍청한 짓을 하게 되었는지 그 맥락을 찾아내 고쳐야 한다. 사람을 피드백하는 것이 아니라 구조를 개선하면, 그 사람에게 반복해서 말하지 않아도 행동이 달라진다.

무언가 잘못된 것에 대해 피드백하고 싶다면 먼저 그것이 사람의 문제인지, 일하는 방법과 제도의 문제인지 한번 생각해 보자. 바보같은 구조에서 알아서 똑똑하게 일해주길 바라는 것은 리더로서 직무유기다. 평균 수렴의 법칙, 이상한 구조는 이상한 결과로 수렴된다.

피드백에 대한 상상 인터뷰 ③ : 찰리 킴과 레이 달리오

세계 1위 헤지펀드 브리지워터 어소시에이츠(Bridgewater Associates)의 레이 달리오와 넥스트점프의 찰리 킴이다. 브리지워터는 극단적인 투명성(Radical Transparency)로 유명한 곳이다. 예를 들이 회사 내 모든 회의를 녹화해서 직원들에게 공개하며, 직급과 상관없이 솔직한 피드백을 주고받는 것이 의무로 되어 있다. 레이 달리오 개인적으로 자신의 삶과 회사 경영에 적용하는 200여 가지 원칙들을 정리해서 인터넷에 공개했는데, 2018년 여름 『원칙』이라는 제목으로 한국어 판이 출간되었다.

넥스트점프(NextJump)는 기업용 B2B 이커머스 서비스를 운영하는 회사인데, 직원의 발전을 위해 투자하는 걸로 유명하다. 찰리 킴은 '조직 문화를 바꿔서 세상을 바꾼다'는 비전을 가지고 있다. 참고로 찰리 킴의 아버지는 슈퍼 옥수수 연구로 유명한 김순권 박사이고, 아버지를 따라 유년 시절을 아프리카에서 보냈다.

140

Q: 한국의 조직들은 아직 솔직한 피드백을 주고받기 어색해 합니다. 솔직한 피드백을 주려면 어떻게 해야 할까요?

레이 : 탁월함에는 진실(truth)이 필요합니다. 흔히 사람이 가장 소중한 자산이라고 하지요. 정말 그렇게 생각한다면 사람들에게 솔직하고 정확한 평가를 들려주어야 합니다. 여기엔 시간이 들고, 서로의 의견이 오고가는 과정이 필요합니다.

모든 사람들의 스탯이 적힌 야구 카드가 있다고 해봅시다. 여기엔 타율이나 홈런, 승패 기록 등이 적혀 있을 것입니다. 조직에서도 이러한 카드를 관리해야 합니다. 카드를 보면 이 사람이 무엇을 잘하고 못하는지가 보이고 어떤 포지션이 적합한지도 알 수 있을 것입니다.

누구나 자기 약점을 돌아보길 꺼립니다. 하지만 잘 돌아가고 있는 일보다 문제에 시간을 더 써야 하는 것처럼, 사람들과도 약점을 논의하는 데 더 많은 시간을 들여야 합니다. 이러한 피드백은 상시적으로 돌아가야 합니다. 인사 평가는 주기적이더라도 피드백은 최대한 자주 오고갈수록 좋습니다.

찰리 : 피드백에도 연습이 필요합니다. 우리는 피드백 근육(feedback muscle)이라는 표현을 씁니다. 피드백이란 결국 진실을 이야기하는 법을 배우는 것입니다.

넥스트점프에는 리더십 360(Leadership 360, 360도 피드백 제도), 10X(일년에 두 번 직원들이 개인적·직업적 성장에 대해 동료들과 의견을 나누는 시간), 토킹파

트너(Talking Partner, 모든 직원이 짝 지어져 서로에게 주기적으로 피드백을 제공하는 제도)같이 위, 옆, 아래로 꾸준히 피드백을 주고받는 제도들이 있습니다. 피드백 방식도 면대면으로 이야기하는 방식과 앱을 통해 익명으로 피드백하는 방식을 모두 사용하고 있습니다.

Q: 대부분의 조직에서는 피드백이 위에서 아래로만 이루어집니다.

찰리 : 솔직한 피드백을 장려할 때 첫 번째로 고려해야 할 것은 심리적 안정감입니다. 특히 아래에서 위로의 피드백은 더욱 그렇습니다. 사람들은 진실을 이야기하기보단 그저 좋은 사람이 되고 싶어 합니다. 관계가 어색해지거나 자기 커리어에 안 좋은 영향을 줄까 봐 두려운 것이죠. 솔직한 피드백 때문에 피해를 볼 수 있다는 두려움을 없애야 합니다.

레이 : 제 직원이 저한테 보낸 이메일을 보여드릴게요. "레이, 오늘 미팅에서 당신이 보여준 모습은 'D-'입니다. 미팅 준비를 전혀 안 한 것 같던데요? 그러지 않고서야 이렇게 정리가 안 될 수가 있나요?" 아주 멋진 이메일입니다. 왜냐하면 이런 피드백이 필요했거든요. 이 직원이 제게 솔직한 생각을 전달할 수 없는 환경이었다면 저와 그와의 관계는 지금 같지 않았을 거예요.

Q: 너무 솔직한 피드백을 들어도 기분이 나쁠 것 같은데요?

찰리 : 진실을 받아들일 마음의 준비가 필요하죠. 역설적으로 다른 사람에게 솔직한 피드백을 주는 것이 곧 솔직한 피드백을 받아들이기 위한 가장 좋은 준비입니다. 유쾌하지 않더라도 진실을 이야기하는 연습을 통해 피드백 근육을 키울 수 있습니다.

피드백을 들을 때 무의식적으로 상대에게서 칭찬을 이끌어 내려 하거나 싫은 소리를 피하려 하지 않도록 주의해야 합니다. 대화의 시작부터 핑계를 늘어놓는다든지, 칭찬을 유도하는 질문들을 던진다든지 말입니다.

레이 : 남들이 자기를 어떻게 볼까에 집착해서 자신이 잘 모르거나 취약한 부분을 숨기려 합니다. 그러다 보니 그것들을 어떻게 다뤄야 하는지 배울 기회도 없고, 살면서 장애물처럼 안고 가게 됩니다. 좋은 결정을 내리는 데 관심이 있는 사람들은 항상 자기 생각이 최선인지 끊임없이 되묻습니다. 자신의 약점과 잘 모르는 부분을 솔직하게 공개하고 다른 사람들의 의견과 도움을 구합니다.

Q: 실수나 단점에 대해 피드백할 때는 무엇을 주의하면 좋을까요?

레이 : 그 사람이 무엇을 했는지를 보면 어떤 사람인지를 알게 됩니다. 앞으로 그 사람에게 무엇을 기대해도 되는지를 알 수 있죠. 어떤 의도로 그렇게 했는지도 중요합니다. 전혀 다른 의도를 가지고 같은 행동

을 할 수 있기 때문입니다.

중요한 점은 하나의 사건이 아니라 행동의 패턴을 봐야 한다는 것입니다. 완벽한 사람은 없습니다. 누구나 작은 실수를 할 수 있는데 이런 실수를 확대 해석하면 사람을 잘못 평가할 수 있습니다. 반면에 이런 실수가 더 큰 문제 때문에 벌어진 현상일 수도 있지요. 실수를 평가할 때는 먼저 이것이 더 큰 문제에 대한 징조인지를 판단해야 하고, 같은 실수가 얼마나 반복되는지를 봐야 합니다.

"당신이 잘못 판단한 것 같아요"와 "당신은 판단력이 떨어지는군요"는 다릅니다. 후자는 반복되는 패턴이 있어야 꺼낼 수 있는 말입니다. 누가 노래를 잘하는지 못하는지는 들어보면 알지만, 어떤 측면은 여러 번 지켜봐야 알 수 있는 경우도 있습니다.

그리고 피드백은 잘한 일에 대해 칭찬하고 잘못한 부분에 대해 지적하는 것입니다. 칭찬과 비율을 적당한 비율로 유지하는 것이 아니라 자기가 기대치에 비해 얼마나 잘하고 있는지 파악할 수 있게 해주는 것이 중요합니다. 자신의 강점과 약점을 더 명확하게 알게 되면서 더 적합한 책임을 맡을 수 있고, 진화의 속도를 더 빠르게 할 수 있습니다.

찰리 : 덧붙이자면, 즉각적인 피드백이 중요합니다. 부담감 때문에 시간을 끌다 보면 피드백이 누그러지거나 아예 안 하게 됩니다. 킴 스콧이 이야기한 파괴적인 공감(ruinous empathy)이 되는 것이죠. 넥스트점프에서 사용하는 피드백 앱은 피드백과 함께 4점 척도의 점수를 주도

· 어서 와, 리더는 처음이지?

록 되어 있습니다. 피드백 아마추어는 칭찬과 함께 3점이나 4점을 줍니다. 피드백 프로는 개선해야 할 점과 함께 1점이나 2점을 줍니다. 듣는 사람에게 더 큰 가치를 주는 것은 후자이기 때문이죠.

Q: 팀원이 피드백의 내용에 동의하지 않으면 어쩌죠?

찰리 : 넥스트점프에서는 20여 명의 리더들이 매달 서로를 피드백합니다. 저만의 의견이라면 감정적으로 받아들이거나 오해라고 여길지 모르지만 여러 명이 비슷한 의견을 주면 거기에 수긍하게 됩니다. 서로가 서로의 성장을 도와주고 있다는 신뢰가 전제되어야 합니다. 안좋은 피드백을 준 사람들을 믿지 못하고 나쁜 사람들이라 생각한다면 피드백 시스템이 운영될 수 없겠죠.

레이 : 당장은 쓴소리를 듣는 것이 고통스럽겠지만 배우고 진화하는 과정임을 짚어 주고, 진실을 받아들이면 더 나은 존재가 될 수 있음을 상기시켜 주세요. 감정적인 반응을 보인다면, 우선 돌아가서 회고할 시간을 주고 나중에 후속 미팅을 갖는 것이 좋습니다.

훌륭한 관계를 만드는 데는 충돌(conflicts)이 필수입니다. 가치관의 일치 여부가 드러나기 때문입니다. 다른 사람과 관계를 맺으려면 우선 서로의 가치관에 공통분모가 있어야 하고, 생각을 주고받는 과정이 필요합니다. 대화를 통해 서로 더 가까워지거나 멀어지죠. 작은 갈등을 억누르는 관계에서는 나중에 더 큰 문제가 터지기 마련입니다. 항상 솔직한 생각을 주고받아야 합니다. 단, 면전에서 할 수 없는 말을 뒤에서 하고 돌아다니면 안 됩니다. 할 말이 있으면 바로 하도록 요구해야 하고, 그것이 가능한 문화를 만드는 것이 중요합니다.

Q: 안 좋은 점에 대해 피드백을 해도 금세 같은 모습을 보이는 경우가 많습니다.

레이 : 사람은 쉽게 변하지 않습니다. 어떤 사람에 대해 파악하는 데 보통 6~12개월이 걸리고, 그 사람의 행동이 바뀌는 데에는 18개월 정도가 소요됩니다. 예를 들어 몸을 만들고 싶으면 우선 당신이 살이 쪘다는 사실을 인정해야 하고, 살을 빼고 싶은 의지가 있어야 하며, 살을 뺄 방법을 알아야 합니다. '건강한 음식을 먹고 꾸준히 운동을 할 거야'라고 의식적으로 생각하면 살찌는 음식을 먹고 싶은 욕망을 이길 수 있습니다. 이렇게 18개월 정도가 지나야 행동이 변합니다.

문제가 발생했을 때 무언가를 더 배워서 해결할 수 있는 것인지 그 사람의 역량이나 가치관 때문인지를 구별해야 합니다. 스킬은 금세 판단할 수 있지만 역량은 판단하기 어렵고, 가치관은 파악하는 데 더 오랜 시간이 필요합니다. 스킬의 문제라면 적절한 교육과 경험을 제공하면 됩니다. 역량의 문제라면 그 사람이 감당할 수 있는 다른 포지션으로 바로 옮기거나 그런 자리가 없다면 내보내야 합니다. 가치관의 문제라면 바로 내보내야 합니다.

찰리 : 말로만 피드백하는 것이 전부가 아닙니다. 상대방이 변화할 수 있도록 기회를 주고 도와주어야 합니다. 넥스트점프에서는 사람들의 취약점을 백핸드(backhand)라 부릅니다. 테니스에서의 백핸드와 포핸드(forehand)의 관계처럼, 백핸드는 처음에 어색하고 어렵습니다. 하지만 충분한 연습을 통해 나아질 수 있습니다. 우리는 백핸드를 연습할 운동장을 제공합니다. 자기 의견만 많이 말하고 잘 경청하지 않는 사람에게는 미팅의 절반이 지날 때까지 말을 하지 않는 미션을 줍니다. 남 앞에서 발표하는 것을 쑥스러워하는 사람에게는 일주일에 한 번씩 직원들 앞에서 이야기할 기회를 줍니다. 이런 것이 가능한 이유는 사람들이 서로의 백핸드가 무엇인지 알고 있고 다른 사람이 백핸드를 연습하는 것을 기꺼이 도와주는 문화가 형성되어 있기 때문입니다.

Q: 피드백과 평가/보상은 어떻게 연결되는 건가요?

찰리 : 결론부터 말씀드리면, 피드백과 보상은 분리되어야 합니다. 피드백은 순수하게 개인의 성장을 위한 것이지 보상을 위한 것이 아닙니다. 평가 결과를 놓고 면담하는 장면을 떠올리면 이해가 가실 겁니다. 첫째, 그런 상황에서 피드백을 줘봤자 듣는 사람의 관심은 그래서 상여금을 얼마 받을 수 있는지에 가 있습니다. 둘째, 평가 시즌까지 와서 피드백을 주는 것은 행동을 고치기에 이미 늦었습니다. 우리는 피드백과 함께 4점 척도의 점수를 받지만 이 점수를 성과 등수(performance ranking)와 연결시키지 않습니다.

굳이 피드백과 평가/보상 간의 연결 고리를 찾자면 평소 피드백을 꾸준히 주고받았다면 평가 결과를 들어도 놀라지 않을 거라는 점입니다. 모든 피드백이 평가에 연동되게 한다면 피드백을 주는 사람, 받는 사람 모두 심리적으로 불안정해져서 솔직한 피드백이 오고가지 못할 겁니다.

■ 출처

- 레이 달리오 지음, 고영태 옮김, 『원칙』, 한빛비즈
- Robert Kegan, Lisa Laskow Lahey, *An Everyone Culture*, Harvard Business Review Press
- www.nextjump.com/course/building-a-culture-of-feedback
- 페이스북 참조: How to Build A Company Where the Best Ideas Win Out
- 테드 강연 참조: How to build a company where the best ideas win
- 〈사람에 집중하라〉, KBS스페셜, 2016년 6월 16일

· 어서 와, 리더는 처음이지?

■ **채용**

• 사람을 뽑을 때 어떤 기준을 가지고 뽑는가? 중요한 순서대로 다섯 가지만 나열해 보자.

• 방금 생각한 다섯 가지 기준을 어떻게 검증할 것인가? 어떤 질문을 던져야 하는 가? 답변을 어떻게 평가할 것인가?

• 채용 시 면접 외에 이떤 방법들을 활용하고 있는가?

• 당신보다 뛰어나 보이는 사람을 면접 본 적이 있는가? 어떤 느낌이었는가? 그 사람을 채용했는가?

■ **배치**

• 팀원들이 어떤 강점을 가지고 있는지 파악하고 있는가? 강점을 파악하기 위해서 어떤 제도나 프로세스를 운영하는가?

• 같이 일 못 하겠다 생각이 드는 사람이 있었는가? 어떻게 대응했었는가? 지금 다시 만난다면 어떻게 대응할 것인가?

• 우리 팀에 혹시 썩은 사과가 있는가? 있다면 어떤 조치를 취하고 있는가?

■ 평가

- 우리 팀이 성과를 내는 데에는 능력 경쟁이 중요한가, 속도 경쟁이 중요한가? 평가지표도 그렇게 설계되어 있는가?

- 우리 팀 성과에 운이 어느 정도 영향을 미칠까? 팀원들을 평가할 때 운을 얼마나 고려하는가?

- 덜 노력했지만 운이 좋았던 팀원과 고생했지만 운이 없었던 팀원 중 어느 팀원이 더 높은 평가를 받아야 한다고 생각하는가? 평가지표나 제도가 그것을 반영하고 있는가?

- 우리 조직은 혹시 '고생한 사람만 바보 되는 조직'이 아닐까?

■ 피드백

- 나는 멀티플라이어인가, 디미니셔인가? 팀원들이 성장할 수 있다고 믿는가?

- 나는 사회적 정신, 자기 통제적 정신, 자기 변혁적 정신 중 어느 단계에 있는가? 왜 그렇게 생각하는가?

- 마지막으로 팀원들에게 피드백한 것이 언제인가? 어떤 내용을 피드백했는지 기억하는가?

- 피드백은 적시에 제공되었는가? 평가 시즌이 되었거나 인사팀에서 공지 메일이 와서 피드백한 것은 아닌가?

- 팀원들에게 일원학습 외에 이원학습, 삼원학습 내용을 피드백한 적 있는가?

- 적당한 장소에서 적당한 방법으로 피드백했는가? 진정성을 가지고 피드백한 것인가?

- 팀원들에게 피드백을 받은 적이 있는가? 받았다면 정말 솔직한 피드백이었을까? 피드백에 대해 팀원에게 어떻게 반응했는가?

3장

일과
시간 관리

노력하면 성과를 내는 구조를 고민해야 하는 자가 리더다.

– 마쓰이 타다미쓰, 『무인양품은 90퍼센트가 구조다』

—

성과를 올리는 사람은 일에서 시작하지 않는다.

계획으로부터도 시작하지 않는다. 시간에서 시작한다.

무엇에 시간을 빼앗기고 있는가를 분명히 하는 것에서 시작한다.

그다음에는 시간을 낭비하는 비생산적인 요구를 멀리한다.

마지막으로 이렇게 얻어진 자유로운 시간을 효과적으로 정리한다.

– 피터 드러커, 『자기 경영 노트』

직무 설계
: 성과를 내는 구조 만들기

리더와 팀원의 일은 다르다. 처음 리더가 된 사람들이 가장 많이 하는 실수가 있다. 리더가 되기 전까지 하던 일, 자신을 리더로 만들어 준 그 일, 가장 익숙하고 잘할 수 있는 바로 그 일을 예전보다 더 열심히 하는 것이다. 자발적으로 두세 명 분의 일을 하기도 하고, 시원찮은 팀원들의 결과물을 보면서 그 사람의 일을 뺏어서 대신하기도 한다. 그렇게 새벽부터 밤늦게까지 솔선수범해서 일하다가 어느 순간 팀의 성과가 엉망인 것을 깨닫는다.

그때부터는 화풀이가 시작된다. 자기는 열심히 일하는데 너희들은 뭐 하는 거냐, 오늘 하루 종일 대체 뭐 했냐 하다가 나중엔 할 일을 '자발적'으로 찾아서 하라고 다그친다. 혹시 이 글을 읽으며 '지금 내 모습인데' 싶은 리더가 있다면 부디 깨닫길 바란다. 우리 팀이 이렇게 열심히 일했는데 왜 성과가 안 날까? 바로 당신이다. 당신이 구조를 만들지 않았기 때문이다.

구조를 알아야
관리가 가능하다

　　　　　　　　　　조직이란 결국 목표를 이루기 위한 팀이다. 목표를 달성하는 방법이 바로 구조다. 목표를 단순히 몇 개의 지표와 숫자라고 생각하기보다는 '일이 제대로 되고 있을 때의 상태'라고 이해하는 것이 구조를 만들 때 도움이 된다. 앞으로 일어날 일의 모습을 머릿속에 그려보는 것을 심성 모형(mental model)[1] 이라 한다.

예를 들어, 어떤 편의점 사장의 월매출 목표가 5,000만 원이라고 하자. 단순하게 목표를 5,000만 원이라고만 잡아놓으면 월말에 가서 4,000만 원이라는 결과물을 얻었을 때 이를 고칠 방법이 없다. 장사가 순전히 운에 맡겨진다는 뜻이다. 심성 모형은 '매장이 월매출을 달성한 달에는 매장이 어떤 상태였는지'에 대한 뚜렷한 그림을 의미한다.

- 매장에는 주로 어떤 물건들이 어떻게 진열되어 있어야 하는가?

1　심성 모형에 대한 내용은 찰스 두히그의 『1등의 습관』을 참고했다.

- 어떤 요일, 어떤 시간대에 각각 어떤 부류의 손님들이 들어와서 무엇을 사는가?
- 창고엔 어떤 물건들이 얼마만큼 있어야 하며, 어떤 속도로 줄어들고 다시 채워져야 하는가?
- 요일, 시간대 별로 어떤 태도의 아르바이트생이 몇 명 필요한가?

경험이 많은 편의점 사장이라면 이러한 모습을 머릿속에 꿰고 있을 것이다. 스타트업 경영진으로 일하고 있는 한 친구는 심성 모형에 대한 설명을 듣고 자기는 일이 제대로 되고 있을 때의 팀 분위기나 팀원들의 표정, 다른 부서와 정보가 교류되는 양상까지 떠올랐다고 한다. 꿈을 최대한 생생하게 머릿속에 그려 봐야 이룰 확률이 높아진다는 이야기를 들어보았을 것이다. 조직의 꿈을 머릿속에 그리는 것이 바로 심성 모형이다.

당연하지만 많은 리더가 놓치는 것이 있다. 바로 목표와 심성 모형에 대해 자신의 상사와 상의하는 것이다. 당신이 사장이 아닌 이상 아무리 한 조직을 맡았다 해도 중간관리자이다. 조직을 관리할 권한과 책임을 위에서 위임 받은 것이다. 당신의 상사가 팀에 기대하는 바가 있는데 당신이 전혀 다른 그림을 그리고 있다면 리더로서의 커리어는 시작부터 어긋나게 될 것이다. 특히 팀원일 때부터 '내가 나중에 리더가 되면 이런 것을 꼭 고쳐야지', '이런 것을 꼭 해봐야지' 리스트를 가지고 있을 때 상사의 기대와 다른 일을 하기 쉽다. 자기 현재 위치보다 한 단계 위의 고민을 미리 해보는 것은 커리어를 위한 좋은 습관이다. 다만 실제 그 자리에 가게 되면 그간 고민한 내용을 상사와 논의해 보고 상사의 기대치를 이해한 상태에서 일을 시작해야 한다.

상사와 합의하여 심성 모형을 정리했다면 비로소 구조를 잡을 수 있다. 구조는 단순히 표현하자면 심성 모형으로 그려본 상태에 이르기 위해 뒷단에서 어떤 일들이 벌어져야 하는지를 정리한 것이다.

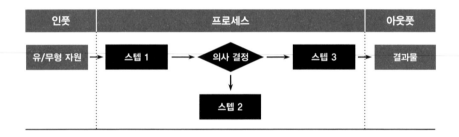

만약 리더로서 자기 부서가 어떤 인풋을 가지고 어떤 단계를 거쳐 결과물을 만들어 내는지 머릿속에 그릴 수 없다면 그 부서의 구성원들은 단지 '이제껏 그렇게 해왔기 때문에' 일하고 있을 공산이 크다. 이렇게 구조를 그려봄으로써 결국 무엇을 파악해야 하는가?

- 심성 모형 : 조직의 목표가 무엇인지 명확히 하고, 상사와 팀원들

158

과 소통한다.

- 성과를 내는 가장 핵심적인 단계 : 팀 성과에 가장 영향이 큰 과업이 무엇인지 파악하고, 그 일을 하려면 어떤 역량이 필요한지, 어떻게 관리해야 하는지 파악한다.
- 성과의 병목 단계 : 팀이 더 큰 성과를 내는 데 제약 조건이 되는 과업이 무엇인지 파악하고, 어떻게 관리해야 하는지 파악한다.
- 포지션별 필요 강점과 역량 : 구조가 원활하게 돌아가려면 각 포지션에 어떤 스킬과 강점을 가진 사람들이 필요한지 파악한다.

구조를 명확히 한 뒤에야 각 팀원들이 무엇을 해야 하는지 정할 수 있다. 이것이 바로 탑다운(top-down)으로 정한 직무 설계(job design)이다. 채용 공고에 보이는 직무 기술서(job description)가 바로 이러한 과정을 통해 나온 것이다. 결국 구조를 파악하고 있어야 성과와 팀원을 관리할 수 있다.

고수는
구조의 깊이를 본다

구조에도 깊이가 있다. 위 그림에서 스텝 1, 스텝 2라고 표현된 각 단계도 자신만의 인풋이 있고 중간 결과물이 있다. 또한 우리 팀의 프로세스는 회사 전체의 일부분에 불과하다. 즉, 다른 부서의 결과물을 인풋으로 받아서 우리 부서의 일을 하면, 우리 부서의 아웃풋은 다시 다른 부서의 인풋이 된다.

이것을 프로세스 그림으로 표현하면 다음과 같을 것이다. 부서가 많은 삼성도 전사 레벨은 '개구제물마판서(개발, 구매, 제조, 물류, 마케팅, 판매, 서비스)'라 불리는 메가 프로세스(레벨 1)로 간단하게 표현될 수 있다. 각 단계를 더 파고들어야 각 부서가 하는 일들이 나오기 시작하는데, 그 복잡한 회사조차 보통 레벨 6, 7 정도까지 내려가면 개인이 어떤 업무를 어떻게 하고 있는지까지 정리된다. 삼성이 그만한 성과를 내는 데는 이유가 있다. '관리의 삼성'이라고 하지만, 관리는 구조를 알고 있는 자만이 할 수 있다.

리더는 자기 부서의 구조(가로축)를 꿰고 있을 뿐만 아니라 전체 회사의 구조 안에서 자기 부서가 어떤 역할을 담당하고 있는지, 부서 내 각 세부 업무는 또한 어떤 구조를 가지고 있는지(세로축) 자유자재로 머릿속에서 그릴 수 있어야 한다. 이것을 이해한 리더는 회사 전체의 성과를 생각하며 우선순위를 세우고 팀을 리드한다. 일이 되게 하는 리더다. 반면에 자기 부서만 생각하는 리더는 회사가 성과를 내든 말든 주어진 일, 자기 평가표에 적혀 있는 일만 한다.

회사 내에서 구조를 오르내릴 수 있는 것이 리더의 최소한의 요건이다. 장기간에 걸쳐 안정적으로 성과를 내려면 좀 더 나아가 우리 회사와 공급자, 소비자까지 포함된 구조를 그릴 수 있어야 한다. 그 안에

회사 차원

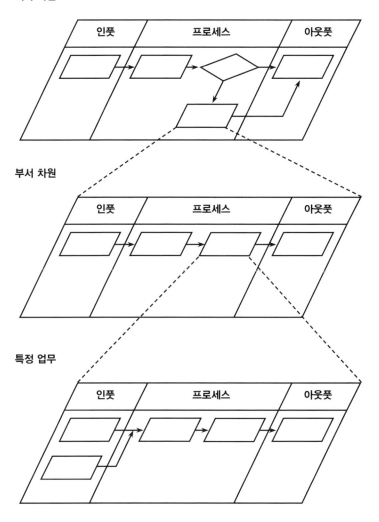

부서 차원

특정 업무

서 재물, 돈, 정보가 흐르는 구조뿐 아니라 어느 한 단계에서 과부하가 걸리거나 오류가 생겼을 때, 일을 처리하던 주기가 달라졌을 때, 전체 구조에 어떤 영향을 미치는지 생각할 수 있어야 한다. 이러한 생각을 '시스템 사고'라 한다. 시스템 사고에 대해 더 알고 싶다면 이 책의 부록을 참고하기 바란다.

구조는 끊임없이
진화해야 한다

구조와 프로세스를 들으면 매뉴얼화, 시스템이 연상되며 부정적인 기억이 떠오를 수 있다. 모든 사람들이 획일화된 방식으로 일해야 하고, 창의성이 억압받는 기분이 들기 때문이다.

구조는 목표를 달성하기 위해 필요하다. 구조를 지키는 것 자체에 너무 집착하면 안 된다. 구조의 신봉자라고 할 만한 MUJI의 전 사장 마쓰이 타다미쓰는 『무인양품은 90퍼센트가 구조다』에서 구조화가 필요한 이유를 '암묵적인 규칙으로 하던 일의 문제점을 발견해서 개선하기 위한 것'이라 했다. 정해진 대로 따라 하기 위해서가 아니라, 일하는 방식을 개선하기 위해서 먼저 지금 어떻게 일하고 있는지 파악해야 하는 것이 구조의 역설이다. 결국 리더가 고민해야 할 것은 스스로를 진화시키는 구조이며, 구조를 피드백하고 진화시킬 수 있는 사람들을 키워내야 한다.

어떤 일이 끝난 이후에 팀이 같이 진행 과정을 되돌아보는 것을 사후분석(post-mortem)이라고 한다. 조직 차원의 피드백이라 할 수 있다. 사후분석을 하면 다음과 같은 장점이 있다.

- 성공의 노하우를 체계화할 수 있다.
- 같은 일을 다시 한다면 어떻게 접근할지 생각할 수 있다.
- 실수로부터 배울 수 있다.
- 정보를 공유할 수 있다.
- 일이 공식적으로 끝난 느낌을 준다.
- 문제를 이야기하고 성공을 축하하면서 팀이 더 가까워진다.

대부분의 상사들은 일이 끝나면 형식적인 인사치례를 하고 다음 할 일로 넘어간다. 제대로 된 사후분석을 진행한 적은 손에 꼽을 것 같다. 나는 사회생활을 시작하고 처음 맡은 프로젝트의 사후분석이 가장 기억에 남는다.

프로젝트가 끝나고 며칠 후 이사님이 회의실로 부르셨다. 사후분석은 복기로부터 시작한다. 이사님은 이 프로젝트가 처음 고객사의 어떤 임원이 이야기를 꺼냈는지, 그 이후로 누구와 무엇을 논의했는지, 언제 어떻게 시작하게 되었는지, 고객사 누가 언제 중간보고를 받았고 어떤 반응을 보였는지 날짜와 함께 읊어 나가셨다. 그 과정에서 팀원들이 어떻게 일을 나눠 맡았는지, 가설과 보고서의 스토리라인이 어떻게 바뀌어 왔는지, 누가 어떤 부분을 잘했고 어디가 아쉬웠는지 이야기했다. 프로 기사들이 바둑을 두고 나서 수백 수를 복기하는 것처럼, 우리가 세 달 동안 무슨 일을 해왔는지가 머릿속에 지나갔다. 그러자 다음 프로젝트에는 어떤 식으로 일하고 무엇을 보완해야 할지 저절로 정리되었다.

사후분석을 좀 더 효과적으로 하려면 팀원들이 더 적극적으로 참여하는 것이 좋다. 당시 나는 신입사원이어서 피드백 미팅에서 많은 의견을 내지 못했다. 사후분석 진행에 대한 팁을 찾아보면 어떤 곳에서는 아예 사전에 팀원들에게 사전에 설문조사를 받으라고 하는 경우도 있다. 미리 고민해 본 상태에서 참여한다면 좀 더 활발한 토론을 할 수 있기 때문이다.

이 자리는 서로의 책임을 따지는 자리가 아니다. 다른 사람을 비판해서는 안 되고, 다양한 관점을 존중해야 한다. 일에 대한 의견을 개인적으로 받아들이면 안 된다. A 방법으로 했지만 다음에는 B 방법으로 해보자고 제안할 수 있다. 이건 일하는 방법에 대한 의견일 뿐이지 A 방법으로 일한 사람에 대한 공격이 아니다.

사후분석은 발전 속도에 크게 기여한다. 바쁜데 굳이 사후분석을 해야 하나 싶겠지만 팀의 산출물이 달라진다. 개인적 차원에서 일을 복기하는 것만으로도 성장에 큰 도움이 된다. 나는 사후분석 미팅을 하고 나서 이사님의 복기를 따라 하고 싶었다. 프로젝트 전체를 복기하는 것은 무리일 것 같아 보고서만이라도 복기해 보자고 마음먹었다.

프로젝트를 진행하다 보면 수십 개 버전의 보고서가 나온다. 어떤 버전은 약간의 페이지 수정과 오타 교정의 변화, 어떤 버전은 전면 재작업 수준의 변화도 있다. 의미 있는 변화가 있던 보고서를 출력해서 프로젝트 종료 후 비교해 보기 시작했다. 우선 큰 테이블에 출력한 보고서들을 시간 순서대로 늘어놓는다.

한 장씩 넘기면서 같은 페이지가 시간에 따라 어떻게 변했는지 본다.

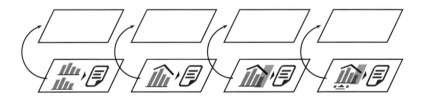

중점적으로 봐야 할 포인트는 다음과 같다.

- 보고서의 흐름, 장표의 구성이 어떻게 바뀌었는가?
- 어떤 단어나 문구를 상사가 수정했는가?
- 어떤 부분이 강조되었는가?
- 어떤 내용이 중간에 사라졌는가?

상사가 왜 저렇게 고치라고 했을까? 거슬러 올라가면 상사가 무엇을 중요하게 생각하는지, 어떤 스타일을 선호하는지 어렴풋이 읽을 수 있다. 물론 상사의 생각을 읽는 것 자체가 꼭 중요한 것은 아니지만 좀 더 효율적으로 일할 수 있고 생각하는 힘이 길러진다.

이 방법은 주 업무가 보고서 작성인 사람들을 위한 복기법이다. 주 업무가 다르다면 자신만의 복기법을 찾아야 한다. 중요한 것은 하나의 결과물이 시간에 따라 어떻게 바뀌어져 왔는지가 시각적으로 보여야 하며, 왜 그렇게 변화했는지 행간을 읽을 수 있어야 한다는 점이다. 지금 나의 일에는 어떻게 적용할 수 있을지 생각해 보자.

구조를 맹신하면
안 되는 이유

조직에서 수많은 프로세스에 둘러

166

싸이다 보면 절차와 시스템에 집착하게 되고 목적을 잊어버리는 경우가 많다. 애초에 프로세스를 설계한 사람이 왜 그런 프로세스를 만들었는지 목표를 명확하게 설명하지 않고 매뉴얼 교육에만 열을 올리는 경우도 많다.

이직한 지 얼마 안 되었을 때의 이야기이다. 아침에 상사 분께 사내 메신저로 연락이 왔다. 시간이 되냐고 해서 그렇다고 대답했더니, 메신저로 질문이 온다. 회사 생활은 어떤지, 하고 있는 업무는 만족하는지 등 새로 입사한 나에게 관심을 가지고 있구나 싶었는데, 질문을 연속으로 몇 개 받고 나서 이분이 인사팀이 준 질문 리스트를 메신저 창에 복사하고 있음을 직감적으로 깨닫게 되었다.

회사 입장에서는 새로 뽑은 경력직이 적응을 못 하거나 금방 회사를 떠나 버리면 안 되니까 케어해 주는 것이 좋겠다고 생각했을 것이다. 입사 후 몇 주 안에 상사가 면담을 해주도록 프로세스를 만들었을 것이고, 그냥 하라고 하면 대충 때우는 사람이 있을 수 있으니 면담 시 확인해야 할 질문 리스트도 마련했을 것이다. 면담 후에 제출해야 할 양식을 만들고, 만나서 커피라도 한잔 마시라고 예산도 배정해 주면 인사팀 입장에서는 만족할 것이다. 이 모든 것의 목적은 '경력직의 빠른 회사 적응'이다.

그런데 결과적으로 무슨 일이 벌어졌는가? 이 면담은 처음의 목적인 '경력직의 빠른 회사 적응'을 달성하는 데 도움이 되었을까? 물론

나는 분위기를 깨닫고 안 좋은 의미로 회사에 금방 적응하기는 했다. 이런 일이 벌어지지 않으려면 어떻게 해야 할까? 매뉴얼에 '메신저로 면담하면 안 된다'를 추가한다고 해결될까? 매뉴얼의 예외 상황은 항상 발생한다. 해야 할 것과 하지 말아야 할 것을 끝없이 나열해 봐야 매뉴얼만 길어지고 안 읽는 사람만 늘어난다.

문제의 근본 원인은 프로세스 그 자체가 목적이 되었기 때문이다. 프로세스와 매뉴얼만 강조하지 말고 왜 이것이 필요한지 목적이 분명하게 공유되어야 한다. 또한 측정의 대상이 중요하다. 회사에 적응했는지를 직접 측정하기는 어렵지만, 면담을 했는지 안 했는지는 측정된다. 그러다 보니 측정당하는 입장에서는 측정되지 않는 목적보다 측정되는 수단이 더 중요해 보일 수 있다. 그러므로 프로세스를 설계하고 운영하는 사람은 지표를 모니터링할 뿐만 아니라 측정하는 지표가 적절한지, 목적이 정말 달성되고 있는 것인지 고민하면서 프로세스를 개선시켜야 한다.

프로세스는 목적의 자리만 위협하는 것이 아니다. 가끔은 기본적인 가치 판단의 자리까지 위협하기도 한다. 어떤 기사에서 모 세무서 직원들이 주말 출퇴근 기록을 허위로 남겨 수당을 받았다가 기소되었다는 내용을 읽었다. 이런 사례는 주기적으로 등장한다. 이런 일이 계속될 수밖에 없는 이유는 역설적으로 그것이 시스템에서 가능하기 때문이다.

어서 와, 리더는 처음이지?

근태 시스템에 접속하거나 카드 판독기에 사원증을 찍는 것은 보통 사무실에서만 가능하다. 그 말은 무슨 수를 써서든 기록만 남길 수 있으면 적어도 시스템 상에서는 일한 것이 된다는 뜻이다. 그러니 기사에 나오는 사례들처럼 자기 아이디와 비밀번호를 동료에게 알려주거나, 퇴근하고 집에서 쉬다가 느지막이 다시 사무실에 나와 카드만 찍고 돌아가는 사람들이 생긴다. 가치 판단의 기준이 상식적으로 해도 되는 것에서 '시스템에서 가능한 것'으로 바뀌어 버린 것이다.

설계하는 사람은 '해도 되는 것'을 감안해서 '시스템에서 할 수 있는 것'을 구성한다. 그런데 사용자가 시스템에서 할 수 있는 것을 전부 해도 되는 것으로 받아들이면 골치가 아파진다. 세무서 직원에 대한 기사는 다음 문장으로 마무리된다.

'경찰은 현재 국세청 전산망은 아이디나 비밀번호만 알면 누구나 허위로 시간 외 근무를 입력할 수 있는 것으로 확인돼 국세청에 제도 개선을 통보했다고 덧붙였다.'

시스템이나 프로세스를 설계하는 입장에서는 사람들이 부정의 유혹에 빠지지 않도록 허점을 남기지 않는 것이 원칙이다. 그런데 애초에 왜 허위로 근무시간을 입력할 수 있더라도 그렇게 하면 안 된다는 것을 지각이 있는 성인들에게 가르쳐야만 하는 것일까?

실제 일하다 보면 이런 사례들을 자주 접하게 된다. '해도 되는가'의 기준을 '시스템에 그런 프로세스가 있는가', '이렇게 비용을 올려도 위에서 결재해줄까'로 판단하는 경우 말이다. 개개인마다 임의로 판단하지 않도록 하는 것이 프로세스의 기능 중 하나라지만, 프로세스가 가치 판단을 아예 대체해 버려서는 안 된다. 특히 프로세스상의 허점을 이용해 잘못된 행동을 정당화하려는 사람들은 변명의 여지가 없다.

프로세스는 목적이 아니라 수단이다. 목적이 제대로 달성되는지 피드백하면서 프로세스와 측정 지표들을 계속 개선해 나가야 한다. 시스템에서 가능하다고 모두 해도 되는 것은 아니다. 상식적으로 하면 안되는 일만 참아도 상당한 부조리를 고칠 수 있다.

실행은
리더의 몫이다

구조는 실행하기 위해서 만드는 것이다. 어떤 리더는 구조를 만드는 것만이 자신의 역할이라 생각하며 실행을 팀원들에게 맡겨버린다. 창업한 사장들이 이런 함정에 빠지는 것을 볼 수 있다. 초창기 회사의 모든 일을 자기가 직접 하다가, 규모가 커지면 시스템에 의한 경영을 꿈꾸며 '사장이 없어도 돌아가는 회사'를 만들겠다고 나서는 것이다.

사장이 며칠 자리 비운다고 휘청거리는 회사는 문제가 있다. 하지만 '사장이 없어도 돌아가는 것'과 '사장이 있으나 없으나 똑같은 것'은 다르다. 이런 리더들은 '실행에 집중하라'라고 외친 래리 보시디

(Larry Bossidy)와 램 차란(Ram Charan)의 말을 귀기울여 들을 필요가 있다.[2]

업무를 실제로 이행하는 것과 같은 사소한 일들은 높은 자리에 있는 사람에게 어울리지 않는다고 생각하는 비즈니스 리더들이 많다. 이는 리더십을 자의적으로 해석한 결과이다. 이를테면 경영자는 산꼭대기에 앉아 전략을 구상하고 구성원들에게 비전을 심어주는 일을 해야 하며, 나머지 잡다한 일들은 하위 관리자들이 알아서 해야 한다는 식이다. 많은 사람들이 어떻게 해서든 리더의 지위에 오르려고 열망하는 것도 이 같은 사고방식 때문이다. 손에 흙을 묻히지 않고도 기쁨과 영광을 만끽할 수 있는 자리를 누가 마다하겠는가? (중략) 안전한 곳에서 수없이 회의를 하고 논의를 계속하지만 행동은 하지 않는다. 이것이 실행력 있는 기업과 실행력 없는 기업의 차이점 중 하나다.

마쓰이 타다미쓰는 이 구절을 읽고 '전략 일류 기업과 실행력 일류 기업, 이 두 기업이 맞붙었을 때 승리하는 쪽은 틀림없이 후자다'라고 정리했다. 다행인 점은 요즘 스타트업들에 대한 관심이 늘어나면서

---

2   래리 보시디·램 차란 지음, 김광수 옮김, 『실행에 집중하라』, 21세기북스

CEO가 가장 신경 써야 하는 것이 실행력이라는 인식이 퍼지고 있다는 것이다. 국내 스타트업 업계의 대부인 프라이머 권도균 대표는 SNS를 통해 창업가의 실행력을 강조하는 글을 쓰면서, 스타트업이 어느 정도 커진 순간 리더가 시스템을 만든다는 이유로 일선에서 손을 떼고 팀원들에게 모든 실무를 위임하는 것을 경계하라고 말한 바 있다.

모든 조직에서 실행력이 중요하며 실행은 리더의 몫이다. 구조는 효과적인 실행을 위해 고민되어야 한다. 구조는 실행의 도피처가 아니다.

· 어서 와, 리더는 처음이지?

마쓰이 타다미쓰는 무인양품에서 인사부장, 사업부장을 거쳐 2001년 부터 사장을 맡았고, 2008년에 회장으로 취임했다. 모기업 세이유 인 사부에서 15년 이상 일한 경력이 있다. 무인양품 사장의 경험을 담아 『무인양품은 90퍼센트가 구조다』를 저술했다.

Q: 사장으로 취임하실 당시에도 MUJI가 지금처럼 인기였나요?

무인양품은 1980년에 세이유(SEIYU) 슈퍼마켓의 PB브랜드로 시작 했습니다. '이유가 있어 저렴하다'는 콘셉트와 심플한 디자인과 간소 한 포장으로 질 좋은 제품을 만들려고 노력했어요. '무인신화'라는 말 이 나올 정도로 성공 가도를 달렸습니다. 그런데 제가 취임한 2001년 은 최악의 해였어요. 처음으로 적자가 났습니다. 그것도 38억 엔이나 말이죠. 유니클로, 니토리, 다이소 같은 경쟁자들이 가성비를 내세워 들어오는데 이미 'MUJI다움'을 잃은 상태였습니다. 2002년엔 품질 문제로 반년 동안 사과 광고를 여섯 번 냈어요. 이 회사도 끝인가 하는 분위기가 팽배했습니다. 오랫동안 몸담았던 회사에 대한 책임감을 가 지고 반드시 변화시키겠다는 마음으로 사장 자리를 맡았습니다.

Q: 지금의 MUJI를 생각하면 잘 상상이 되지 않네요. 무엇부터 해야겠다고 생각하셨나요?

저는 인사부 출신입니다. 보통은 이런 상황에서 구조조정에 들어가고 조기 퇴직을 받아 인건비를 줄입니다. 채산성이 안 좋은 부문에서 철수하고, 자산도 매각하죠. 물론 무인양품도 점포 폐쇄와 축소, 해외사업 구조조정을 거쳐야 했습니다. 하지만 그것이 본질적인 해결책은 아니라고 보았습니다.

저는 브랜드의 혁신이 고객의 요구에 미치지 못한 게 가장 큰 원인이라고 보았습니다. 제일 먼저 한 일이 구조를 만드는 것이었습니다. 노력이 성과로 이어지는 구조, 경험과 감을 축적하는 구조, 낭비를 철저히 줄이는 구조를 만드는 것이었죠.

당시 MUJI의 매장들은 점장에 따라 제각각으로 운영되고 있었습니다. 한 가지 일을 하는 백 가지 방법이 있던 셈입니다. 2,000페이지에 달하는 매장 매뉴얼 〈무지그램 MUJIGRAM〉과 본사 매뉴얼 〈업무기준서〉를 정비했습니다.

Q: 구조가 왜 그렇게 중요하다고 생각하셨나요?

구조는 조직의 근간입니다. 무슨 일이든 기본이 없으면 응용도 없습니다. 회사의 구조 없이는 지혜도 매출도 생기지 않습니다. 전략 일류 기업과 실행력 일류 기업이 경쟁한다면 반드시 후자가 승리합니다. 세존

그룹에서 안티 세존을 외치며 노브랜드의 자사 상품을 개발한다는 발상은 좋았어요. 하지만 우리는 실행력이 부족했고, 디테일이 모자랐습니다.

누군가가 일을 열심히 한다고 해봅시다. 그 성과는 회사의 수직 구조에 의하여 부분적인 성장에 국한되는 경우가 많고, 회사 전체에 영향을 미치기 어렵습니다. 먼저 회사 전체적으로 큰 그림을 보고 자신이 어떤 일을 하는 것이 좋을지 생각하고 행동할 수 있도록 하는 것이 바로 부분적인 성장을 회사 전체의 발전으로 변화시켜 나가는 방법입니다.

구조를 중시하다 보면 사람들의 사고방식이 변합니다. 구조를 만드는 것은 회사의 풍토, 사원이 만들고 있는 사풍을 바꾸는 것입니다. 구조가 없이는 개인의 능력 수준이 곧 회사의 수준이 되어 버립니다.

Q: 매뉴얼을 강조하면 직원들이 답답해 하지 않았나요? 획일적으로 일하는 데 반발이 심했을 것 같습니다.

〈무지그램〉은 일반적인 매뉴얼과 다릅니다. 내용을 그대로 따라 한다는 점은 같지만, 현재보다 나은 안이 나오면 그때그때 반영합니다. 매달 변경 내용을 정리해 회사 전체에 배포합니다. 한 번 만들어서 몇 년 동안 그대로 쓰는 매뉴얼을 생각하시면 오해입니다.

Q: '구조를 관리하는 구조'를 만드신 건가요?

그보다 '구조를 만드는 사람'이 중요하다고 이야기하고 싶습니다. 무인양품의 목표는 오히려 매뉴얼을 만드는 사람을 키우는 것이죠. 매뉴얼은 통제하기 위해 만드는 것이 아닙니다. 매뉴얼을 만드는 과정의 중요성을 알리고, 모든 사원과 스태프가 문제점을 발견해 개선하는 자세를 갖게 하는 것이 목적입니다. '가시화 → 제안 → 개선'의 순환이 생겨야 합니다. 구조를 정리하기 전까지는 문제점이 있어도 잘 보이지 않습니다.

Q: 〈무지그램〉만 보면 누구나 주어진 역할을 할 수 있는 건가요?

매뉴얼이 있어도 영업이 맞지 않는 사원에게 몇 년씩 영업 일을 시키는 것은 소모적입니다. 잘하는 일, 못하는 일을 파악해서 각자가 뛰어난 성과를 끌어낼 수 있는 부서에 배치하는 것도 리더의 역할입니다. 그런데 사람의 적성을 파악하는 것도 리더의 개인적인 감정에 휘둘리면 안 됩니다. 무인양품은 '커리파'라는 성격 판단 툴을 사용해 적성을 검증하고 있습니다. 직원의 육성과 순환근무도 구조화되어 있습니다.

Q: 구조를 꼭 매뉴얼로 정리해야 할까요?

실제로 〈무지그램〉을 작성하고 활용하다 보니 매뉴얼의 장점 다섯 가지를 알게 되었습니다.

176

첫째, 지혜를 공유할 수 있습니다. 개개인의 지혜와 경험이 조직에 축적되지요. 둘째, 표준이 정해지면 그때부터 조직의 진화가 시작됩니다. 표준 없이 개선만 하려고 하면 갈팡질팡할 뿐입니다. 셋째, 상사의 등만 보는 문화와 결별할 수 있습니다. 매뉴얼이 없는 곳에서는 상사가 노하우를 직속 부하에게만 전수하는 경우가 흔하지요. 넷째, 팀원들이 한곳을 바라보게 됩니다. 각자가 어떤 '목적'을 가지고 이 일을 하는지 매뉴얼에 명시되어 있기 때문입니다. 마지막으로 업무의 본질을 되돌아보게 됩니다. 평소 별생각 없이 하던 일도 매뉴얼을 정리하는 과정에서 다시 돌아보게 됩니다.

Q: 구조를 만들려면 어떻게 해야 하나요? 막상 매뉴얼을 만들려고 하면 막막할 것 같습니다.

매뉴얼을 만들 때 첫 번째 원칙은 그것을 '활용할 사람이 만든다'입니다. 구조는 책상에 앉아서 나오지 않습니다. 리더의 역할은 카리스마로 관리하는 것이 아니라 현장에서 자유롭게 말할 수 있는 풍토를 만들고 그 의견을 구조로 정리하는 것입니다. 한두 명의 담당자가 모든 매뉴얼을 만들려고 하니 막막한 것 아닐까요?

매뉴얼은 모든 사원이 함께 만들어야 하고 항상 '업무의 최종 도달점'을 가지고 있어야 한다고 생각합니다. 목적이 분명해야 합니다. 매뉴얼을 통해 사원의 업무 수준을 균일하게 하고 싶은지, 비용을 줄이고 싶은지, 작업 시간을 단축하고 싶은지, 해결하고 싶은 문제를 정해두지 않으면 현장에서 사용할 수 없는 매뉴얼이 될 뿐입니다.

덧붙이자면, 매뉴얼은 시간이 걸리더라도 직접 처음부터 만드는 수밖에 없습니다. 무인양품도 처음엔 모범이 될 만한 기업 매뉴얼을 참고할 생각이었습니다. 의류 업체 시마무라의 매뉴얼을 보러 갔습니다. 우리에 맞게 일부 수정해서 쓸 생각이었죠. 그런데 현장에서 쓸 수 있는 매뉴얼이 도저히 나오지 않았습니다.

회사가 다르면 모든 게 다릅니다. 시마무라의 매뉴얼에는 시마무라 사원들의 풍토가 담겨 있습니다. 매뉴얼은 단순히 업무를 표준화한 것이 아니라 사풍이나 각 팀의 이념이 담겨 있습니다. 매뉴얼은 결과물만큼 만드는 과정이 중요합니다. 무인양품에서도 〈무지그램〉이 궤도에 오르는 데 5년이 걸렸습니다. '먼 길이야말로 진리'라는 말이 있습니다. 어려운 과정이지만 반드시 팀의 변혁을 이룰 수 있습니다.

■ 출처

• 마쓰이 타다미쓰 지음, 민경욱 옮김, 『무인양품은 90%가 구조다』, 모멘텀
• "무인양품, 어떻게 라이프스타일숍 대명사가 됐나", 〈비즈니스포스트〉, 2015년 1월 23일
• "세계인의 홈퍼니싱 필수템 '무인양품'……", 〈매경이코노미〉, 2017년 7월 3일
• 유튜브 강연 참조: 무인양품은 90%가 구조다_저자 마쓰이 타다미쓰 회장 인터뷰
• CEIBS 강연 참조: An Interview with Tadamitsu Matsui

잡 크래프팅
: 일에서 의미 찾기

일이란 무엇일까? 좀 더 근본적인 문제를 고민해 보자. 일을 하는 이유, 즉 동기 문제다. 닐 도쉬(Neel Doshi)와 린지 맥그리거(Lindsay McGregor)의 연구에 따르면, 사람이 일하는 동기에는 크게 여섯 가지가 있다.[3]

- 즐거움 : 일 자체가 즐겁다
- 의미 : 일의 결과가 가치 있다 여긴다
- 성장 : 일을 통해 자신의 목표에 가까워지고 있다고 느낀다

---

[3] 닐 도쉬·린지 맥그리거 지음, 유준희·신솔잎 옮김, 『무엇이 성과를 이끄는가』, 생각지도

- 정서적 압박감 : 타인의 시선(기대) 때문에 일한다
- 경제적 압박감 : 보상을 받거나(월급) 처벌을 피하기 위해(해고) 일한다
- 타성 : 어제도 일했으니 오늘 일한다

이 중 일과 직접적인 연관이 있는 앞의 세 가지(즐거움, 의미, 성장)를 직접 동기라 하며, 일과는 연관이 없는 뒤의 세 가지(정서적 압박감, 경제적 압박감, 타성)를 간접 동기라 한다. 그렇다면 성과를 내기 위해서는 이 여섯 가지 동기들을 골고루 활용하면 될까? 아니다. 이들 연구의 결론은 '직접 동기는 성과를 높이며, 간접 동기는 성과를 낮춘다'는 것이다. 어떤 동기는 성과에 부정적인 영향을 미치며, 그중 하나가 돈 때문에 일하는 것이다.

이들은 조직원들이 느끼는 직접 동기 값에서 간접 동기 값을 뺀 것을 총 동기 지수(total motivation factor)라 정의했다. 그리고 스타벅스, 홀푸드, 사우스웨스트 등 높은 성과를 내는 조직들은 경쟁업체보다 유의미하게 높은 총 동기 지수를 보인다는 것을 발견했다. '왜 일하는가?'라는 이 질문은 철학적인 질문이 아니라 경영에 핵심적인 질문이다. 조직원들의 유쾌한 출근을 위한 문제가 아니라 리더로서 성과를 내기 위해 고민해야 할 가장 근본적인 문제라는 것이다.

조직이 어떤 인사제도를 가지고 있는가에 따라 총 동기는 크게 영

향을 받는다. 한편 같은 인사제도를 가진 같은 회사 안에서도 리더가 어떠한 마인드를 가지고 어떻게 직원들과 소통하느냐에 따라 총 동기는 달라질 수 있다. 그래서 우선 리더 본인이 직접 동기 때문에 일하는지 간접 동기 때문에 일하는지가 중요하다.

자신은 왜 일하는지 그리고 타인은 왜 일하는지를 조사해보면, 대부분 자신은 직접 동기 때문에 일하지만 타인은 간접 동기 때문에 일하는 것 같다고 답한다. 자신은 뭔가 고귀한 목적을 가지고 일하지만 남들은 돈 때문에, 혹은 타성 때문에 일한다고 여기는 것이다. 리더가 이러한 마인드를 가지게 되면 부하직원들을 관리해야 할 대상으로 여기게 되며, 각종 보고와 상벌 제도에 집착하게 된다. 자신은 '성선설' 관점에서 바라보면서 타인에게는 '성악설'을 적용하는 셈이다. 당신은 직원들이 왜 일한다고 생각하는가?

런던 비즈니스 스쿨(London Business School)의 게리 하멜(Gary Hamel)은 인간의 능력을 여섯 단계로 구분한다.[4] 가장 낮은 단계는 복종으로, 지시에 따르고 규칙에 맞게 행동하는 능력이다. 다음은 근면함으로, 책임감을 갖고 양심적이며 체계적으로 일을 한다. 다음은 지식과 지성이고, 그 위에 추진력이 있다. 추진력을 지닌 사람은 남에게 요청을 받거나 명령을 받을 필요가 없다. 좀 더 높은 곳에 창의성이 있

---

4 게리 하멜 지음, 권영설 옮김, 『경영의 미래』, 세종서적

으며, 마지막 최정상에는 열정이 있다.

게리 하멜은 복종, 근면함, 전문적 기술은 거의 공짜로 살 수 있다고 말한다. 이 세 가지는 회사가 직원들에게 요구할 수 있으며, 관리하고 감독하며 이끌어 낼 수 있는 능력이기 때문이다. 반면 추진력과 창의성, 열정은 그렇지 않다. 이 세 가지는 직원들이 매순간마다 회사에 '줄 것이냐' 또는 '말 것이냐'를 선택하는 선물과도 같다.

게리 하멜은 말한다.

창조경제의 시대에서 경제적 우위를 차지하고자 한다면 단순히 순종적이고 세심하며 눈치가 빠른 근로자보다는 상위 능력을 가진 근로자가 필요하다는 것이다.

직원들에게서 이 선물을 이끌어 내려면 어떻게 해야 할까? 게리 하멜이 제시하는 비결은 우리 모두를 여기서 일하게 하는 목적이 무엇인지 질문을 던지는 것이다. 기꺼이 일하고 싶은 마음이 들 만한 고상한 이유가 사람들의 잠재력을 이끌어 낸다.

· 어서 와, 리더는 처음이지?

직무 설계와
잡 크래프팅

구조에 대해 설명하면서 목표에서 시작해 탑다운(top-down)으로 팀원들의 과업을 정의하는 것이 직무 설계(job design)라 했다. 그런데 주어진 일만 하는 사람이 있는 반면에 주어진 일을 넘어서 스스로 자신의 업무 범위를 재정의하는 사람들도 있다. 이렇게 아래서부터(bottom-up) 자신의 직무 정의를 자발적으로 다듬는 것을 잡 크래프팅(job crafting)이라 한다. 여기서 질문이 생긴다. 왜 사람들은 굳이 시키지 않은 일을 할까? 바로 자신의 일에서 의미를 찾고 싶어 하는 본능 때문이다.

예일 대학교에서 조직행동을 연구하는 에이미 브제스니에프스키(Amy Wrzesniewski) 교수는 대학병원의 청소부들을 대상으로 인터뷰를 진행했다.[5] 매일 어떤 일을 하고, 일을 하며 어떤 느낌을 받는지 물어보면서 청소부들을 크게 두 부류로 나눌 수 있다는 걸 발견했다. 첫 번째 그룹은 무엇을 하는지 물었을 때 병원 청소부가 할 만한 일들을 그대로 읊었다. 이 일은 특별히 만족스럽지도 않고, 별다른 기술도 필요 없으며, 돈을 벌기 위해 이 일을 하고 있다고 응답했다. 반면 두 번째

---

5   bit.ly/어서와리더는처음이지_02
유튜브 강연 참조: Job Crafting – Amy Wrzesniewski on creating meaning in your own work

그룹은 완전히 다른 답을 내놓았다. 이 일은 의미 있고 즐거운 일이며, 고도의 스킬이 필요하다고 대답했다. 두 그룹은 담당 구역, 근무 시간, 누구와 소통하는지 등 주변 환경에 차이가 없었다.

주목해야 할 점은 이 두 번째 그룹의 대답이다.

"나이 든 분들이 병문안을 오시면 복잡한 비잔틴 양식의 병원 건물에서 헤매지 않도록 병실에서 주차장까지 모셔다 드린답니다. 그분들이 돌이가디 길을 잃을까 휜지분들이 걱정하시기든요."

저렇게 하면 청소부로서 규칙을 위반하게 되고, 잘못하면 해고당할 수 있다고 한다. 혼수상태 환자들의 병실 층을 담당하는 또 다른 청소부는 다음과 같이 대답했다.

"나는 정기적으로 병실에 걸린 액자들을 서로 바꿔줍니다. 어쩌면 주변 환경의 작은 변화에 자극을 받아 환자들이 혼수상태에서 깨지 않을까 싶어서요."

액자를 바꿔 다는 것이 당신이 해야 할 일 리스트에 있냐고 묻자 이 사람은 이렇게 대답했다.

"그건 일로 하는 게 아닙니다. 나로서 하는 거예요."

일에 몰입하고, 만족하고, 일 안에서 회복과 충만함을 느끼기 위해 자신의 직무를 다듬는 것이 바로 잡 크래프팅이다. 일을 억지로 해야 하는 돈벌이로 바라보는 사람은 직무 설계에서 정해진 일만 한다. 일을 소명으로 받아들이는 사람은 시킨 일을 넘어서 본인이 자발적으로 해야 할 일을 찾는다. 그렇게 하는 것이 자기 자신을 더 행복하게 하기 때문이다.

일의 의미를 중시하는 사람은 단순히 같은 일을 다른 마음가짐으로 하는 것이 아니라 하는 일 자체가 바뀐다. 만약 당신의 회사 규범에 '바닥에 떨어진 쓰레기는 먼저 본 사람이 줍는다', '나다 싶으면 하자'가 쓰여 있다면 결국 직원들에게 잡 크래프팅 하자고 이야기하는 것이다.

잡 크래프팅의 세 가지 유형

잡 크래프팅에서는 크게 세 가지 유형이 있다.[6] 첫 번째는 자기 일을 조정하는 것이다(task crafting). 맡은 업무의 범위나 성격을 바꾸거나, 추가적인 업무를 맡는 것이다. 자료를 취합하는 사람이 내용을 요약하고 자기 의견까지 덧붙인다든지, 반복적인 업무를 하는 사람이 이를 자동화할 수 있는 프로그램을 개발하는 것은 업무의 범위나 성격을 바꾸는 것에 포함된다. 자발적으로 회사에 새로 입사한 사람들이 적응할 수 있도록 코칭해 주거나, 새로

---

6 Berg, J. M., Wrzesniewski, A., Dutton, J. E., "Perceiving and responding to challenges in job crafting at different ranks: When proactivity requires adaptivity", 〈Journal of Organizational Behavior〉

운 기술 트렌드에 대해 직원들에게 강의하는 자리를 만든다면 추가적인 업무를 맡았다고 볼 수 있다.

두 번째는 주변 사람들과의 관계를 조정하는 것이다(relational crafting). 관계는 일의 범위나 성격을 바꾸거나, 조직 내 새로운 인간관계를 생성한다. 인턴과의 관계는 본래 업무적인 관계이지만 직업 선택의 기준이나 인생관에 대한 이야기를 나누게 된다면 인생 선후배의 관계가 된다. 개발과 영업이 분리되어 있는 조직에서 개발자가 자발적으로 영업팀 사람들을 만나 고객의 불만과 요구사항을 듣는 것은 새로운 인간관계를 만드는 예이다.

세 번째는 본질을 재정의하는 것이다(cognitive crafting). 자기가 맡은 특정한 과업의 성격을 다르게 바라볼 수도 있고, 자신의 역할 자체를 재정의할 수도 있다. 도브(Dove)는 2000년대 중반부터 '진정한 미(Real Beauty)' 캠페인을 벌여왔다.[7] 정형화된 이미지의 아름다움을 추구하는 것이 아니라 나이, 국적, 인종별로 조금씩 다를 수 있는 미의 기준을 받아들이자는 캠페인이었다. 기획 당시 진행했던 조사에서 단지 4퍼센트의 여성만이 스스로를 아름답다고 생각했다. 도브의 마케터와 광고 에이전시는 광고 캠페인을 단지 판매를 늘리는 일이 아니라 여성

---

7 위키피디아 참조: "Dove Campaign for Real Beauty"
"Ad About Women's Self-Image Creates a Sensation", 〈The New York Times〉, 2013. 4. 18.

· 어서 와, 리더는 처음이지?

들의 자존감을 높이는 일로 만들었다. 앞서 언급한 병원의 청소부들은 업무를 재정의하는 데서 나아가 자신의 역할 자체를 치유자(healer)나 환자와 가족들을 돌보는(caring) 사람으로 정의했다. 이들은 자신의 명함에 쓰여 있는 공식적인 직함으로 자기 역할을 제한 짓는 것이 아니라 자신의 소명에 따라 어떤 역할을 맡을지 정의한다.

잡 크래프팅은 누가, 언제, 어떻게, 무슨 일을 하는지에 광범위하게 영향을 미친다. 잡 크래프팅은 모든 곳에서 이루어지며, 어떤 사람들은 관리자들 몰래 규칙을 어기면서 자신이 해야 한다고 믿는 일을 한다. 잡 크래프팅이 일어나면 사람들은 자신의 일에 더 큰 의미를 부여한다. 연구에 의하면 잡 크래프팅은 직원들의 만족도와 헌신, 일에 대한 애착감, 행복감, 성과, 새로운 직무를 맡을 의향을 모두 증가시킨다.

『기브 앤 테이크』, 『오리지널스』로 유명한 펜실베이니아 대학교 와튼 스쿨의 애덤 그랜트(Adam Grant)는 잡 크래프팅과 연관된 또 다른 연구를 진행했다.[8] 대학의 기부금 모금가들과 하수 처리장 직원들을 대상으로 진행한 연구에서 애덤 그랜트는, 자신의 일이 사회적으로 미치는 영향을 직접 느끼거나 혜택을 받는 사람들을 직접 만날 수 있도록 잡 크래프팅 하는 것을 추천했다. 특히 자기가 맡은 업무가 보

---

8 Grant, A. M., Sonnentag, S., "Doing good buffers against feeling bad: Prosocial impact compensates for negative task and self-evaluations", Organizational Behavior and Human Decision Processes

잘것없다고 느끼거나 자존감이 낮은 사람들은 쉽게 감정적으로 소진(emotional exhaustion)되는데, 본인이 하는 일이 사회에 미치는 영향을 느끼는 것이 감정 소모에 대한 완충 역할을 한다는 것이다.

내가 만난 사람 중에 가장 훌륭하게 잡 크래프팅을 한 사람은 이전 직장의 채용팀장이었다. 이 사람은 우선 채용 업무를 조정했다. 단순히 지원 서류를 평가하고 면접을 보던 역할에서 지원자의 강점을 판별하고 적합한 직무와 매칭하는 방법을 연구하기 시작했다. 노하우가 쌓이자 이것을 채용에만 적용하는 것이 아니라 대학교들을 돌며 아직 우리 회사에 지원하지 않은 학생들에게도 강의하기 시작했다. 그러다 보니 지원자들과 관계가 조정되었다. 지원자와 평가자의 관계가 아니라 학생들의 강점을 찾아주고 커리어를 조언해 줄 수 있는 멘토가 되었다. 궁극적으로는 학생들이 자신의 강점을 깨닫고 꼭 일류 대학을 나오지 않았더라도 비전과 자존감을 가지고 사회생활을 시작하도록 돕는 것으로 자기 사명을 재정의했다. 그분과 나는 지금 그동안 쌓은 노하우를 바탕으로 강점 기반의 코칭과 HR제도 설계를 돕는 '태니지먼트'라는 회사를 운영 중이다.

일에 의미를 부여하는 사람들은 자신의 일을 아래서부터 위로(bottom-up) 재정의, 즉 잡 크래프팅 한다. 일의 구조를 잡는 것은 사람들이 해야 할 일을 탑다운(top-down)으로 정의, 즉 직무 설계하는 것이다. 조직이 제대로 운영되면서 성과를 내려면 양쪽이 모두 필요하다.

동기 저하의
요소를 없애라

짐 콜린스(Jim Collins)는 위대한 기업들이 '버스에다 적합한 사람들을 먼저 태우고 (부적합한 사람들은 버스에서 내리게 하고) 난 다음에 버스를 어디로 몰고 갈지 생각했다'고 말한다. 적합한 사람을 태워야 하는 이유는 '어떻게 동기를 부여하고 사람들을 어떻게 관리할 것인가 하는 문제가 대부분 사라지기 때문'이다. 실제로 제대로 된 사람을 뽑느라면, 적어도 입사 후 몇 달간은 스스로 동기 부여된 상태로 회사에 출근한다.

리더의 가장 중요한 업무가 동기부여인데 대부분의 사람들은 이미 동기가 부여되어 있다니 무슨 뜻일까? 그것은 동기를 부여하는 것이 중요한 것만큼 동기를 저하시키는 요소들을 찾아서 없애는 것이 리더의 중요한 임무라는 뜻이다.

나의 직장생활 첫 상사는 우리가 하는 프로젝트가 진정 고객사에 도움이 되는 것인지 모르겠다는 말을 남기고 홀연히 회사를 떠났다. 의사는 정부의 정책이나 제도가 사람을 살리는 것을 오히려 방해한다고 느낄 때 동기가 떨어진다. 직장인들도 마찬가지다. 고객을 위해서, 혹은 회사를 위해서 의미 있는 일이라 생각하며 무언가 열정을 가지고 준비했는데 그것이 제대로 실행되지 않으면 실망하고 동기가 사라지게 된다.

이것은 단지 성과를 인정받지 못한 정서적 압박감이나 좋은 평가와 보너스를 받지 못한 문제가 아니다. 내가 가치 있다고 여긴 일의 의미를 인정받지 못하는 문제인 것이다. 그러한 의사결정을 현장에서 거리가 먼 윗선이 내용도 제대로 모르고 내렸다거나, 부서 간의 정치 싸움에서 밀린 것이라면 상실감은 이루 말할 수 없다. 비슷한 맥락에서 보면 안 될 줄 알면서도 어쩔 수 없이 하는 척하는 일, 윗사람 성향에 맞춰 같은 내용을 표현만 바꿔 여러 버전으로 만드는 일, 쓸데없이 복잡한 행정 잡무와 결재 라인 등 직장인의 자괴감을 파괴하는 일이 수두룩하다.

돌이켜 보면 나도 이직을 생각하게 된 것은 대부분 그런 계기였다. 컨설팅이나 기획 부서에서 일하다 보면 항상 변화를 일으키고 새로운 것을 시도하는 역할을 맡게 된다. 하지만 조직이 일하는 방식을 바꾸는 것은 쉽지 않기 때문에 늘 반대에 부딪힌다. 때문에 리더는 팀원들이 가진 아이디어가 실제로 실행될 수 있도록 지원해야 한다. 팀원 레벨에서는 일을 할 수는 있지만, 일이 되게 할 수는 없다. 팀원들의 아이디어가 무시받지 않게 하는 것, 그리고 일이 되게 하는 것이 리더의 역할이며 동기의 불꽃이 꺼지지 않게 하는 방법이다.

예일 대학교 경영대학에서 조직행동을 연구하는 에이미 브제스니에 프스키 교수는 사람들이 자신의 일에 어떤 의미를 두는지, 그리고 그 것이 조직의 성과나 개인에게 어떤 영향을 주는지를 주로 연구하고 있 다. 또한 주변 사람들과의 상호작용이 직업적 정체성과 일의 의미에 어떤 영향을 주는지에도 관심이 많다.

Q: 가장 궁금한 질문을 먼저 드릴게요. 동기는 많으면 많을수록 좋은 것 아닐까요? 성과에 도움이 되지 않는 동기라는 개념이 확 와 닿지 않 네요.

누구나 동기가 많으면 많을수록 성과에 도움이 될 거라 생각했죠. 대 부분의 경영자들이 그런 가정을 가지고 조직을 경영하고 있습니다. 하 지만 일에 내재된(intrinsic) 동기가 아닌 부수적(instrumental) 동기는 오 히려 내재적 동기를 약화시켜요. 동기끼리 합쳐져서 더 큰 동기가 되 는 것이 아니라 서로 경쟁하는 거죠. 여러 가지 동기가 동시에 작용하 면 스트레스가 증가하고 일 자체에서 오는 만족감이 줄어듭니다.

나는 좋아하는 일을 했을 뿐인데 누군가 거기에 보상을 주기 시작하면 점점 하기 싫어지지 않던가요? 이런 효과를 경제학에서는 동기부여 혼잡 이론(motivational crowding), 심리학에서는 과잉정당화(overjustification)라고 합니다. 이 개념이 처음 등장했을 때 논란이 많았어요. 사람들의 직관에 거스르기 때문이죠.

Q: 동기부여 혼잡 이론을 어떻게 연구를 하셨나요?

미국 웨스트포인트(West Point) 사관학교 생도들의 입학 동기가 커리어에 어떤 영향을 미치는지 장기간에 걸쳐 연구했습니다. 만 명 이상을 대상으로 입학 시점의 동기를 조사하고 임관 여부, 최소 복무 기간 이상 복무 여부, 특진 여부 등과 상관관계를 연구했어요. 얼마나 오랫동안 군인으로 남는지와 군인으로서의 성과(performance)를 동시에 고려했습니다.

웨스트포인트 하면 보통 나라를 위해 입학하는 것 같지만 사실은 여러 동기가 있습니다. 도덕적인 의무감, 더 나은 커리어, 무상교육, 돈을 모으기 위해서, 성품을 기르기 위해서, 자랑스러운 조직의 일원이 되려고 등 수 많은 이유가 있을 수 있지요. 이런 입학 동기를 크게 두 부류로 분류했다고 보시면 됩니다. '훌륭한 군인이 되고 싶다'는 마음으로 입학한 사람들과 그저 '괜찮은 직장을 갖고 싶다'는 부류가 있는 거죠. 전자는 꼭 군인이 되어야만 이룰 수 있는 목표이고 후자는 사실 군인이 아니어도 다른 대안들이 있을 수 있습니다.

우리는 입학한 지 얼마 안 된 생도들을 대상으로 입학 동기를 조사한 다음 14년에 걸쳐 추적 관찰했습니다. 웨스트포인트를 끝까지 졸업하는지, 5년의 의무 복무 기간이 지나고도 군인으로 남는지, 특진 대상이 되는지를 분석했는데 결론적으론 '훌륭한 군인이 되고 싶다'는 동기를 가진 사람들이 더 오래 복무했고, 더 높은 성과를 냈습니다.

Q: 웨스트포인트는 이런 심리학 연구에 자주 등장하는 것 같아요.

네, 맞아요. 와튼 스쿨의 앤젤라 더크워스(Angela Duckworth)도 웨스트포인트 생도들을 대상으로 '그릿(grit)'이 얼마나 중요한지 연구했죠. 제 연구는 생도들이 어떤 동기를 가지는지가 그릿에 어떤 영향을 주는지를 밝혔다고 보시면 될 것 같습니다.

Q. 직업 자체도 동기에 영향을 주지 않을까요? 군인 자체가 사회에 대한 봉사나 헌신의 의미가 있는 직업인데. 그래서 더 동기의 영향을 받은 것 아닌가요?

제 다른 연구를 소개해 드리고 싶어요. 이번엔 웨스트포인트 생도들이 아니라 더 광범위한 직장인들을 대상으로 진행했던 연구입니다. 자신의 일을 생계 수단으로 보는지, 커리어로 보는지, 소명으로 보는지에 따라 어떻게 차이가 나는지 궁금했어요. 설문조사 결과를 분석해 보니 소명으로 보는 사람들이 일과 삶에 대한 만족도가 가장 높았습니다. 그런데 만족도뿐만 아니라 소명으로 보는 사람들이 월급도 더 많이 받고, 교육 수준도 더 높았거든요. 궁금증이 생겼죠. 혹시 돈을 더 많이 벌고 사회적으로 인정 받는 직장에 있어야 일을 소명으로 느끼는 것이 아닐까?

설문 결과를 들여다보다가 재미있는 사실을 발견했습니다. 연구 대상 중에 참가자가 가장 많은 직종은 대학교 행정 직원이었습니다. 24명이 설문에 응답했어요. 그런데 같은 직종에 근무하는 24명 안에서도 자기 일을 생계수단, 커리어, 소명으로 보는 사람들이 똑같은 수로 갈렸습니다. 비슷한 사회적 지위와 비슷한 월급을 두고 9명은 생계수단으로 보았고, 7명은 커리어, 8명은 소명으로 받아들였습니다. 24명만 두고 분석을 해도 일을 소명으로 보는 사람들이 일과 삶에 대한 만족도가 나머지 그룹보다 높았어요. 직업 자체보다는 자기 직업을 어떻게 바라보는지 개인의 관점과 의지가 더 중요하다고 생각합니다.

Q. 흥미로운 결과인데요. 처음 소개해주신 연구와 방금 말씀하신 연구는 어떻게 연결되는 건가요?

일을 소명으로 바라보는 사람들의 중요한 특징이 부수적 동기에 별로 가치를 두지 않는다는 것입니다. 그리고 일과 삶을 분리할 수 없다고 믿지요. 자신의 일에 내재된 가치를 곧 자기 삶의 신념으로 받아들이는 사람들이니 그럴 수밖에요.

Q. 부수적 동기를 줄이려면 성과 인센티브를 없애야 하는 것 아닌가요?

학회나 언론 인터뷰에서 그런 질문을 자주 받는데 제 의도는 그런 것이 아닙니다. 우선 제 연구는 부수적 동기가 무조건 안 좋다는 뜻이 아닙니다. 애초에 내재적 동기가 약했던 사람에게는 부수적 동기가 성과에 긍정적 영향을 미칩니다.

제가 우려하는 상황은 부수적 동기가 내재적 동기를 갉아먹어서 부수적 동기만이 일하는 유일한 이유가 되어버리는 것입니다. 단지 월급과 보너스를 받기 위해 일하는 것이죠. 그렇게 되면 장기적인 성과는 낮아질 수밖에 없습니다.

Q. 그렇다면 리더 입장에서는 동기부여를 할 때 어떤 점을 주의해야 할까요?

일에는 동기와 결과가 있습니다. 돈을 버는 것은 일의 결과지요. 결과가 동기가 되지 않게 하는 것이 중요합니다.

첫째, 리더는 항상 목적을 강조해야 합니다. 매출이나 이익 이야기만 하는 것이 아니라, 왜 이 일을 하는지에 대해 자주 소통해야 합니다. 서점에 가면 『드라이브』, 『나는 왜 이 일을 하는가』, 『일의 기쁨과 슬픔』

같은 책들이 넘쳐납니다. 사람들이 일의 의미를 점점 더 중요하게 여긴다는 뜻이겠지요.

둘째, 인센티브나 스톡옵션 제도는 경영진이 부수적 동기를 중요하게 여긴다는 의미를 함축하고 있습니다. 직원들이 이를 내재적 동기가 중요하지 않다는 의미로 받아들이지 않도록 소통하는 것이 중요해요. 우리의 일이 다른 사람들에게 어떤 영향을 미치는지 같은 의미 있는 결과들을 강조해야 합니다.

마지막으로, 같은 일을 하더라도 관리 방식에 따라 일하는 동기가 달라집니다. 어떤 방식으로 일을 할지 잡 크래프팅의 자율성이 없다면 일 자체에서 느끼는 흥미와 의미가 떨어집니다. 반면 일하는 방식을 조정할 권한을 갖게 되면 장기적인 동기가 증가합니다.

■ 출처

• Amy Wrzesniewski(som.yale.edu/faculty/amy-wrzesniewski)
• Wrzesniewski, A., McCauley, C., Rozin, P., & Schwartz, B. (1997). Jobs, careers, and callings: People's relations to their work. Journal of Research in Personality, 31(1), 21–33
• Wrzesniewski, A., Schwartz, B., Cong, X., Kane, M., Omar, A., & Kolditz, T. (2014) Multiple types of motives don't multiply the motivation of West Point cadets. Proceedings of the National Academy of Sciences, 111(30), 10990–10995
• 유튜브 강연 참조: Case Studies: Predicting Employee Performance

· 어서 와, 리더는 처음이지?

조직을 말려 죽이는 마이크로매니저

잡 크래프팅이 장려되는 환경을 만들기 위해서는 일의 의미가 무엇인지, 목표가 무엇인지를 지속적으로 소통해야 한다. 담당자 본인이 생각하는 바대로 어느 정도는 업무 내용을 다듬을 수 있도록 자율과 권한이 주어져야 한다. 직무 설계와 잡 크래프팅 간에 적정선을 유지하는 것이 관리의 묘이다.

의미와 목표보다 일을 어떻게 해야 하는지에 과도하게 집착하는 관리자를 마이크로매니저[9]라 한다. 잡 크래프팅을 허용하지 않는 사람, 업무를 위임하지 못하고 전부 자기가 직접 하려는 사람, 팀원을 믿지

---

[9] '미시관리자'라고도 번역하는데, 어감이 와 닿지 않아 원어를 그대로 썼다.

못하고 세세한 내용까지 지시하고 확인하는 사람들이다.

마이크로매니저의 폐해

① 조직원의 사기가 떨어진다

미셸 아비브와 모리시오 델가도 같은 과학자들은 자발적 동기부여
는 그보다 훨씬 복잡한 것이리며 학습되고 다듬어질 수 있는 능력
과 유사하다고 주장한다. (중략) 적절한 방법으로 연습하면 자발적
동기부여 능력이 향상된다는 것이 과학자들의 연구에서 밝혀졌다.
동기부여를 위한 전제 조건은 행동과 주변 환경에 대한 지배권을
자신이 갖고 있다는 믿음이다. 자신과 주변 사람들에게 동기부여를
하려면 스스로 통제권을 쥐고 있다는 확신을 심어주어야 한다.[10]

직장생활을 하다 보면 나 스스로 통제할 수 있는 것이 아무것도 없
다고 느끼는 두 가지 상황이 있다. 첫째는 관리자가 자기 스케줄대로
내 일정을 뒤죽박죽으로 만들어 놓을 때이고(시간 통제권), 두 번째는 마
이크로매니저 밑에서 일할 때이다(일 통제권).

마이크로매니저 밑에서는 잡 크래프팅이 사라진다. 상사가 시킨 일

---

10 찰스 두히그 지음, 강주헌 옮김, 『1등의 습관』, 알프레드

을 그대로 하거나, 본인이 한 일을 상사가 다시 고치는 상황이 반복된다. 잡 크래프팅은 만족도와 행복감, 회복력 등을 높여준다고 했는데, 마이크로매니저와 일하는 사람들에게 정확히 반대의 현상이 나타난다. 동기부여 수준이 급격히 떨어지고, 그 모습을 본 상사는 아랫사람들의 일하는 태도가 마음에 들지 않으니 더 마이크로매니지 하는 악순환이 시작된다. 이 악순환은 보통 팀원들의 퇴사로 마무리되며 그 자리에 새로운 팀원이 들어오면서 다시 시작된다.

② 아무도 책임지지 않는다

마이크로매니저 밑에서 일하는 사람들의 특징이 있는데, 본인이 한 일에 대해서 본인이 한 것이라고 인정하기 싫어한다. 보고서 글자 하나까지 윗사람이 시키는 대로 했으니 자기는 그냥 손발에 불과하다고 생각한다.

결과가 좋았을 때는 그나마 낫다. 결과가 좋지 않았을 때가 문제다. 일을 진행한 사람은 본인은 시키는 대로 했다고 생각한다. 일을 시킨 사람은 자기가 시켜놓고도 보통 책임을 지지 않는다. 부하가 한 일에서 자기가 시킨 대로 안 한 부분을 집요하게 찾는다. 최악의 부류는 이렇게 하면 일이 안 될 것을 알았으면 미리 말해줬어야지 왜 그대로 했냐고 적반하장의 태도를 보이는 경우다. 주도적일 수 없는 환경을 만들어 놓고 평가 철이 되면 자기주도성을 운운하며 인사평가를 낮게 한다. 역시 팀원의 퇴사로 마무리된다.

③ 리더를 키울 수 없다

마이크로매니저가 만연한 조직의 가장 큰 문제는 그 조직에서 더 이상 리더가 만들어질 수 없다는 것이다. 리더의 가장 중요한 역할은 의사결정을 내리는 것이며, 어떻게 의사결정을 내려야 하는지는 연습 가능한 영역이다. 조직에서 위로 올라갈 때마다 조금씩 넓은 범위의 의사결정을 내리고, 그 의사결정이 어떤 파급효과를 가져오는지 관찰하며, 혹시 잘못된 의사결정을 내렸을 때 어떻게 수습해야 하는지를 배우는 것이 조직에서의 성장 과정이다.

마이크로매니저들의 회사에서는 중간관리자들이 의사결정을 연습할 기회를 갖지 못한다. 무엇을 결정하려 해도 윗사람이 자기 생각대로 결정을 뒤집는다. 능력 있는 사람들은 회사를 떠난다. 그 자리에 준비가 덜 된 사람이 올라온다. 미덥지 못해 간섭한다. 이 순환을 겪고 나면 미래에 리더가 될 가능성이 있던 후보군들이 사라진다. 회사는 지금의 마이크로매니저에게 매달릴 수밖에 없고, 이 회사는 팀원들에게 지옥이 된다.

④ 성과와 조직 모두 망가진다

경험상 마이크로매니저 밑에서는 성과도 기대하기 어렵다. 단기적으로는 괜찮아 보일지 몰라도 이미 언급한 여러 이유가 결합되어 장기적으로는 조직이 망가진다. 그래서 '조직을 말려 죽이는 마이크로매니저'이다.

앞서 언급한 총 동기 이론에서 가장 직접적인 동기는 즐거움이다. 여기서의 즐거움은 회사에 게임기와 당구대가 있다는 것도 아니고, 단순히 내가 좋아하는 일을 한다는 것도 아니다. 취미로 했을 때 즐거웠던 일도 직업으로 하면 그렇지 않은 경우가 부지기수다. 총 동기 이론을 연구했던 닐 도쉬와 린지 맥그리거가 제안하는 조직 내 즐거움을 유지하는 방법은 각 직원이 자신이 맡은 범위 안에서 작은 실험들을 할 수 있게 하는 것이다. 바로 잡 크래프팅이다.

마이크로매니저는 잡 크래프팅을 제한함으로써 총 동기를 떨어뜨린다. 단기적으로 괜찮아 보이는 이유는 마이크로매니저가 간접 동기(심리적·경제적 압박감, 타성)의 화신이기 때문이다. 장기적으로는 반드시 그 대가를 치른다.

왜 마이크로매니저가 되는가?

마이크로매니저는 목표가 아니라 방법에 집착하는 사람이다. 직원들의 자율성과 권한을 인정하지 않고 잡 크래프팅의 공간을 주지 않는다. 왜 사람들이 마이크로매니저가 되는지를 역으로 생각해 보면 그 덫을 피할 수 있다.

① 심성 모형이 없는 경우

우선 달성하고자 하는 목표와 심성 모형이 명확하지 않아 방법에 집착하는 경우가 있을 수 있다. 왜 해야 하고 목표가 무엇인지 애매한 상태에서 일단 한번 해보자 식으로 시작한 후에 상황을 보면서 생각하려는 유형이다. 이런 사람들은 '나도 잘 모르겠으니까 일단 뭐라도 좀 가져와 봐'라고 자주 말한다.

이런 상사와 일하는 사람들을 위해 『세계 최고의 인재들은 왜 기본에 집중할까』의 저자 도쓰카 다카마사가 추천하는 습관이 있다. 상사에게 새로운 일을 받으면 원래 하던 일을 잠시 멈추고 10분만이라도 새로 받은 일을 어떻게 할지 생각해 보는 것이다. 상사가 시킨 일의 산출물이 어떤 모양일지를 종이에라도 그려본 뒤 의도한 것이 맞는지 상사와 바로 확인한다면, 야근해서 가져간 일이 '내가 말한 건 이게 아닌데' 소리를 듣는 재앙을 막을 수 있다.

리더의 입장에서도 일을 시키기 전에 잠시만 그 일의 결과물이 무엇이어야 하는지 생각해 보자. 리더가 10분 고민하면 팀원의 반나절을 절약할 수 있다.

② 오류를 허용하지 않는 경우

심성 모형도 있고 어떻게 해야 할지도 아는데 자기 생각에 과도하게 집착하는 마이크로매니저도 있다. 자기가 너무 똑똑하다고 생각하는 사람, 자기가 틀릴 리가 없다고 생각하는 사람들이 이 경우다.

똑똑한 경우, 재수 없는 상사가 된다. 이런 사람들은 심지어 성과가 좋다. 그러다 보니 윗사람의 입장에서는 이 사람이 관리를 잘하고 있는 것처럼 보이지만, 아랫사람의 입장에서는 기회만 되면 그 사람 밑에서 탈출하고 싶다. 똑똑하지도 않은 주제에 자기가 예전에 했던 방식만 집착하면 '꼰대'가 된다. 그때는 맞고 지금은 틀리다. 가장 피하고 싶은 케이스이다.

자기 생각에 집착하니 뭘 원하는지 구구절절이 설명해 놓고 믿지 못해 계속 확인한다. 상태가 안 좋아지면 줬던 일을 빼앗는다. 이런 사람 밑에서는 자존감이 낮아지며, 점점 더 일을 못하게 되는 악순환에 빠진다. 팀원일 때 일을 잘해서 갓 리더가 된 사람들도 이런 함정에 잘 빠진다. 얼마 전까지 자기가 직접 하던 일인 데다가, 본인이 일을 잘한다는 것을 주변에 과시해서 자기 위상을 세우려 들기 때문이다. 이런 유형은 리더는 팀으로 성과를 내야 한다는 사실을 깨닫기 전까지는 고쳐지지 않는다. 팀이 성과를 내려면 하나의 목표를 바라보되 방법론에 있어서는 어느 정도의 자율성이 허락되어야 한다. '젊은 꼰대'가 괜히 유행하는 것이 아니다.

위임을 연습해야 한다. 시켰으면 믿는 것을 원칙으로 삼아야 한다. 그러려면 우선 믿을 만한 사람에게 시켜야 하며, 자신이 무엇을 원하는지 잘 이해하도록 시켜야 한다. 항상 100퍼센트 믿을 만한 팀원이 있는 것은 아니니 적절한 코칭이 병행되어야 한다. 일을 제대로 시킨다는 것도 쉬운 일은 아니다.

③ 전체 그림을 자기만 알고 있는 경우

리더가 심성 모형과 구조를 가지고 있는데, 그것을 자기만 알고 있는 상황이다. '너는 이거 하고, 너는 저거 하고, 너는 그거 해!'라는 식으로 일을 시키는데 이거와 저거와 그거를 더하면 뭐가 되는지는 자기 머릿속에만 있다. 설명하기 귀찮아서 혹은 시간이 없어서, '너네는 알 필요 없어'라고 생각한 탓일 수 있다.

리더는 머릿속에 구조가 있어야 하며, 구조에는 깊이가 있다고 했다. 팀원도 마찬가지다. 자기가 맡은 일의 구조를 일단 알아야 하지만 적어도 팀 단위, 가급적 그 위 단위의 구조도 알고 있어야 자기 일이 전체 성과에 어떻게 연결되는지 깨달을 수 있다. 흔히 '맥락'을 알고 일한다고 표현한다.

맥락을 모르면 리더가 시킨 것을 그대로 하는 수밖에 없다. 어느 날 리더가 당신을 불러서 다짜고짜 파워포인트 장표를 한 장 만들라고 한다면, 당신은 그 장표가 어떤 보고서에 어떤 맥락으로 쓰일지 모르기 때문에 리더가 시킨 것을 기계적으로 만들 수밖에 없다. 다른 아이디어가 떠올라 시키지 않은 다른 장표를 그려 갔다가 전체 보고서의 흐름이 깨지면 안 되기 때문이다.

만약 당신이 전체 보고서의 스토리를 알고, 자기가 맡은 장표가 어떤 메시지를 담아야 하는지 알았다면 리더가 처음 생각했던 것보다 더 나은 분석이나 데이터를 담을 수도 있었을 것이다. 더 큰 문제는 이런 식으로 일한 사람들은 보통 자기가 뭔가 기여했다고 생각하지 않으며, 성취감도 느끼지 못한다.

넷플릭스의 조직문화 문서에 다음과 같은 말이 있다.

"똑똑한 사람이 멍청한 짓을 하거든 그 사람을 비난하기 전에 당신이 충분한 맥락을 제공했는지 생각해 보라."

리더는 항상 팀원들에게 정보와 맥락을 제공해야 한다. 그래야 모든 것을 수시로 들여다보는 상황에서 벗어날 수 있고, 위임이 가능해진다. 정보와 맥락을 권력처럼 쥐고 팀원들이 자신만 바라보게 하는 리더들이 있는데, 이들은 팀원들의 앞길을 막는 방해물이다.

④ TMI(Too Much Information)

아이디어가 너무 많은 리더의 경우도 있다. 이런 리더는 쉴 새 없이 '어젯밤에 샤워하다 생각한 건데, 이런 건 어때?'라고 이야기하면서 꼭 끝에 '그냥 참고만 해'를 덧붙인다. 정말 참고만 하고 원안대로 가면

'그때 내가 이야기한 건 어디 갔어요?'라는 반응이 나온다. 리더 입장에서는 마이크로매니지 하지 않았지만 팀원 입장에서는 비슷한 효과를 유발할 수 있다.

리더 입장에서는 브레인스토밍하듯이 아이디어를 던져 주고 자기가 일을 도와줬다고 생각할 수 있는데, 실무자의 입장은 다르다. 무엇이 '지시'고 무엇이 '참고사항'인지 구분하기 어려운 경우다. 그냥 옆자리 동료가 하는 말이면 전부 '참고'하고 내 생각대로 하면 되는데, 리더의 말은 그렇지 않다. 만약 자신이 이런 케이스라면 팀원과 이야기할 때 진지하게 '지시'하는 것인지, 아이디어 차원에서 생각해 보라는 것인지 구분해서 알려주는 것이 바람직하다.

그럼에도
마이크로매니지가 필요할 때

마이크로매니지(-ge)가 무조건 나쁘다는 것은 아니다. 모든 일을 항상 그렇게 관리하려 드는 마이크로매니저(-ger)가 나쁘다는 것이다. 마이크로매니지가 필요할 때가 있다. 어떤 상황에서 마이크로매니지가 필요할까?

① 조직의 방향성이 바뀌었을 때, 혹은 회복해야 할 때

이전 회사가 중국에서 한창 잘나가던 시절, 그 이면에는 매출 확대

206

를 위한 과도한 할인과 프로모션 문제가 도사리고 있었다. 성장률이 둔화되면서 브랜딩에 대한 우려가 현실화되기 시작하자 할인을 줄이라는 지시가 내려왔다.

매출 달성이 최우선인 매장과 영업지사들이 한순간에 바뀔 리 없다. 모든 경영자가 정판율(전체 판매 중에 할인 없이 판매한 비율)을 들여다보기 시작했다. 각 브랜드의 정판율 수치뿐 아니라, 브랜드별 주요 전략 상품 하나하나의 정판율까지 들여다보았다. 그리고 각종 평가지표에도 정판율을 집어넣고, 점점 비중을 높였다.

이렇게 하더라도 실제 정판율이 올라가는 데는 오랜 시간이 걸렸다. 우선 정판율을 아무리 강조해도 중간 관리자들은 불안하다. 원래 우선순위였던 매출을 소홀히 했다가 언제 질책을 받을지 모르기 때문이다. 게다가 일하는 프로세스와 온갖 노하우들이 매출에만 맞춰져 있을 것이므로 진정으로 정판을 추구하려면 모든 사람들의 일하는 방식이 조금씩 바뀌어야 한다. 큰 노력이 필요한 작업이다. 조직의 방향을 바꾸려면 한동안은 누가 무엇을 하고 있는지 살펴야 한다.

조직은 한 번 굴러가기 시작하면 그 방향을 유지하려는 관성을 가지고 있다. 그 방향을 바꾸기는 정말 어렵고, 대부분의 혁신 프로젝트들이 자리를 잡는 데 실패한다. 역으로 새로운 방향이 자리를 잡기 시작하면 그때부터는 마이크로매니지 하지 않아도 굴러가게 될 것이다.

② 여러 부서의 결과물이 조화를 이루어야 할 때

부서 간의 협업이 특히 중요할 때가 있다. 대표적인 케이스가 브랜드의 플래그숍을 오픈할 때이다. 매장을 제대로 오픈하려면 상품, 인테리어, VMD를 비롯해 사전 홍보 및 오픈 마케팅, 매장 직원들의 동선, 역할, 창고 관리, IT 인프라 등 수많은 요소들이 맞아떨어져야 한다. 각 부서의 담당자들이 열심히 일하는 것만큼이나 전체적인 조율과 협업이 필수적이고, 그러기 위해서는 리더가 각 부서에서 무엇을 하고 있는지 세부적인 내용까지 꿰고 있어야 한다.

플래그숍, 신제품, 오픈 홍보 등 어느 하나만 잘못되어도 전체의 완성도에 큰 영향을 줄 수 있는 상황이다. 아기를 키울 때처럼 모든 걸 챙겨야 하는 상황에서는 어느 정도 마이크로매니지가 일어날 수밖에 없다.

③ 중요하지만 급하지 않은 일

일은 중요도와 시급성에 따라 네 가지로 나눌 수 있다. 가장 우선순위는 중요하면서 시급한 일인데, 중요하면서 급하지 않은 일과 중요하지 않은데 급한 일의 우선순위가 항상 문제가 된다.

어떤 스타트업의 CTO가 들려준 이야기다. 적은 인원의 개발 팀은 클레임이 들어온 UI 개선이나 자잘한 버그를 고치느라 바빴다. 대표는 사업의 본질과 관련된 예측 모델의 정확성을 높이고 싶어 했지만 늘

우선순위가 밀리고 있었다. 지금 수준의 정확도로도 사업은 유지됐기 때문이다. 중요하지만 시급하지 않았기 때문에 당장 눈앞에 보이는 고객 클레임 대응에 우선순위가 밀린 것이다.

대표는 본인이 직접 예측 알고리즘 개선이 어떻게 진행되고 있는지 매주 미팅을 하기로 했다. 그래야 개발자들이 관심을 가질 것 같았기 때문이다. 몇 번의 미팅이 지나고 나니 알고리즘에 개선 여지가 별로 없다고 생각했던 개발자들도 정확도가 유의미하게 개선되는 모습을 볼 수 있었다. 그때부터 대표가 직접 매주 챙기지 않아도 알고리즘 개선 작업에 탄력이 붙기 시작했다.

중요하지만 급하지 않은 일이 급하면서 중요하지 않은 일에 계속 밀리고 있다면 마이크로매니징이 필요할 수 있다. 기존 사업에 신경 쓰느라 신사업이 관심을 못 받고 있다든지, 다른 곳에 쓸 비용 때문에 중요한 시스템 투자 시기를 늦추고 있다든지 하는 상황이다. 적어도 비행기가 활주로를 달려서 이륙하는 순간까지는 리더가 챙겨줘야 한다. 일단 비행기가 궤도에 오르고 나면 마이크로매니징을 줄이고 기장에게 온전히 맡길 수 있다.

④ 관점의 차이

무엇이 '사소한' 것인지에 대해 리더와 팀원의 관점이 다를 수 있다. 이전 회사에 입사한 지 얼마 안 되었을 때의 일이다. 당시 그룹 최고

경영진의 지시로 중국인 단체 관광객을 현지에서 모객하는 신사업을 추진하고 있었는데, 현지 담당자들에게 보여줄 관광 프로그램 소개 브로슈어 디자인을 경영자 분이 직접 보고 컨펌했다. 그냥 컨펌 수준이 아니고, 디자이너를 앉혀놓고 몇 시간씩 수정했다.

그렇게 만든 브로슈어를 들고 중국 출장을 가서 기업 담당자들을 만났다. 그들의 의견을 반영하여 현지에서 브로슈어를 몇 군데 수정했는데, 출장에서 돌아왔더니 난리가 났다. 왜 디자인도 모르는 과장이 브로슈어를 고쳤냐는 것이다.

그때는 혼나면서도 대체 왜 이러는지 이해되지 않았다. 이제 와 생각해 보면 그 브로슈어가 신사업에 대해 누군가에게 보여줄 수 있는 전부였다. 관광 상품이라 가뜩이나 실체가 없으니 우리가 준비하고 있는 호텔과 여러 관광코스들을 최대한 매력적으로 편집하는 것이 상대를 설득할 수 있는 열쇠였던 것이다.

마이크로매니저들이 스스로를 그렇게 생각하지 않는 이유는 이 관점의 차이가 가장 클 것이다. 아무리 관점의 차이가 있다지만 '모든 것'을 다 들여다보려 하는 관리자는 마이크로매니저가 맞다. 명확한 선을 그을 수는 없지만 한 가지 기준은 '이 일이 왜 사소하지 않고 중요한지에 대해 조직의 가치관이나 철학을 가지고 이야기할 수 있는가'라고 생각한다.

네이버의 이해진 의장은 '기획은 못해도 되니 오타는 내지 마라'라는 말을 했다. 얼핏 보면 오타 정도에 왜 그렇게 집착하는가 싶지만 이용자가 보는 페이지에 실수하는 것은 용서할 수 없다는 그의 철학을 들으면 네이버가 왜 지금의 위치에 설 수 있었는지 이해가 된다.

⑤ 전시 상황

물론 모든 기업은 전시 상황에 있다. 언제 망할지 모른다는 위기감은 늘 가지고 있어야 한다는 말이다. 하지만 당장 이번 달 월급을 못 줄 것 같다거나, 제품 문제로 치명적인 계약 건들을 놓친 것은 차원이 다르다. 옵스웨어를 회생시켜 HP에 매각한 와이 콤비네이터의 벤 호로위츠(Ben Horowitz), 그가 쓴 『하드씽』에는 평시의 CEO와 전시의 CEO가 어떻게 다른지 정리되어 있다.

- 평시에 리더는 현재의 기회를 넓히고 극대화해야 한다. 달성 가능한 다양한 목적에 기여할 수 있는 광범위한 창의성을 장려하는 테크닉을 사용한다. 그러나 전시에는 총에 탄환이 단 하나밖에 남아 있지 않은 경우가 많다. 그러니 무슨 수를 써서라도 목표를 명중시켜야 한다. 전시에 회사의 생존은 사활을 건 목표를 철저히 고수하고 긴밀히 협력하는 데 달려 있다.
- 평시 CEO는 큰 그림에 역점을 두고 세부적인 결정은 직원들이 할 수 있게 권한을 위임한다. 전시 CEO는 가고자 하는 주된 방

향에 방해가 된다면 깨알만 한 사항까지도 신경 쓴다.

- 평시 CEO는 노력과 창의성이 수반된다면 회사의 계획에서 벗어나더라도 용인하려 한다. 전시 CEO는 절대 용인하지 않는다.

상황에 따라 마이크로매니지가 필요할 수 있다. 다만 필요에 따라 마이크로매니지를 해야지 모든 상황, 모든 사람을 대상으로 마이크로매니지 하면 안 된다는 것이다.

'스티브 잡스도 마이크로매니저 같은데 뭐가 문제야' 하는 잡스병 환자들이 가끔 보인다. 본인이 정말 잡스 수준의 고객과 시장에 대한 인사이트를 갖췄는지 되돌아보자.

관리에 대한 이야기를 마치기 전에 당부하고 싶은 것은 당신이 좋은 리더가 되라고 이 장을 쓴 것이지 이제껏 만났던 상사들 평가하라고 쓴 것이 아니라는 점이다. 직무 설계와 잡 크래프팅이 좋은 균형을 이루게 하는 것이 훌륭한 관리자의 역할이다. 일의 의미, 구조와 관리의 관계를 재고하면서 어떤 모양으로 관리와 자율 사이의 접점을 그릴지 생각해 보자.

피드백에 관한 인터뷰에도 등장했던 브리지워터의 레이 달리오이다.

Q: 결국 조직은 원하는 것(goal)을 얻는 것이 중요한데, 어떻게 관리해야 하나요?

우선 관리와 방임과 마이크로매니지를 구분할 줄 알아야 합니다. 마이크로매니지는 무슨 과업을 해야 하는지 시시콜콜 지시하거나 아예 일을 대신하는 것을 의미합니다. 방임은 당신의 관여나 감독 없이 일이 진행되는 것을 의미합니다. 일이 제대로 되려면 관리를 할 줄 알아야 합니다.

관리는 마치 같이 스키를 타는 것과 같다고 생각합니다. 스키 강사는 강습생들 가까이에서 같이 내려오면서 무엇을 혼자 할 수 있고 어디가 도움이 필요한지 관찰합니다. 일도 마찬가지입니다. 시도하고 실패하는 과정들을 옆에서 관찰하면서 무엇에 강점이 있고 무엇이 부족한지 판단할 수 있게 됩니다. 또 본인이 스키를 잘 탈수록 더 좋은 강사가 될 수 있습니다. 스키를 처음 타는 사람은 자기 강사가 스키를 엄청 잘 타는 것처럼 보이겠지만 올림픽 선수가 보기엔 별로 못 타는 사람으로 보이겠지요.

그리고 항상 생각의 동기화를 유지하는 것이 중요합니다. 무엇이 진실인지, 무엇을 해야 하는지 끊임없이 물어야 합니다. 동기화는 질문이 될 수도 있고 논쟁이나 토론 혹은 강의가 될 수도 있습니다. 다른 사람들이 어떤 생각을 갖고 있는지 알게 되면 문제를 여러 관점에서 바라볼 수 있고 더 깊이 이해할 수 있게 됩니다. 우리가 어떤 강점과 약점이 있는지 명확해지며, 가치관이 드러닙니다. 진실과 해야 할 일에 대한 좋은 대화는 결과물의 질을 높여주며 혹시 모를 미래의 오해를 줄여줍니다.

동기화를 이루려면 항상 열린 마음으로 대화해야 합니다. 무엇이 진실인지가 중요하지 논쟁에서 이기는 게 중요한 것이 아닙니다. 무엇을 잘못 알고 있었는지 깨닫는 것이 제대로 아는 것보다 소중합니다. 그게 학습이기 때문이죠.

열린 마음을 가진 사람은 항상 질문을 던지고 자기가 아는 것이 일부라는 걸 인정합니다. 막힌 사람들은 항상 자기가 뭘 아는지 이야기하죠. 심지어 그 주제에 대해 아는 것이 거의 없을 때라도 말입니다. 이런 사람들은 그 분야에 대해 아주 잘 아는 사람들과 대화하는 것을 불편해 합니다. 열린 사람들은 그런 기회에 흥분하는데 말이죠. 무지를 부끄러워하는 사람들을 주의하세요. 그런 사람들은 위험합니다.

Q: 구조에 맞춰 사람을 배치할 때는 어떤 원칙이 필요할까요?

어떤 사람이 그 자리에 '딱 맞는지' 아닌지는 길어도 1년 안에 알 수 있습니다. 다만 우리가 말하는 적합한 포지션은 일반적인 조직에서의 정의와 다릅니다. 우리가 생각하는 자리에 딱 맞는 사람은 '그 일을 하면서 수많은 문제에 빠질 것이지만 문제를 통해 배우고 성장할 수 있는 사람, 그 과정에서 주변의 도움을 이끌어 낼 수 있는 사람'을 의미합니다. 다른 조직에서는 처음부터 문제없이 주어진 일을 해낼 수 있는 사람을 원하죠. 우리는 그런 상황에서는 사람이 성장할 수 없다고 생각합니다.

Q: 일을 시키면 딱 시킨 일만 하는 사람들이 있습니다.

관리를 하려면 당신 팀의 구조와 자기 스스로를 높은 곳에서 조망할 수 있어야 합니다. 우주에서 찍은 지구 사진을 보면 각 대륙과 바다, 나라들이 어떤 관계인지 알 수 있고 거기서부터 줌인 하다 보면 당신이 사는 나라, 동네, 이웃들까지 볼 수 있습니다. 관리를 할 때도 마찬가지입니다. 특정 업무가 잘되고 있는지와 전체 목적이 달성되고 있는지를 같이 고려해야 합니다.

그래서 일과 목적을 혼동하는 사람을 주의해야 합니다. 목적이 무엇인지 이해하지 못한 채로 일을 하는 사람들은 신뢰할 수 없기 때문입니다. 목적을 제대로 알고 있는지는 간단한 질문을 던져보면 바로 알 수 있습니다. '목적 A가 잘 진행되고 있나요?'라고 물어보면 목적을 알고 있는 사람은 종합적인 판단('A는 잘되고 있어요')과 함께 왜 그렇게 생각하는지 본인이 하고 있는 과업들을 연결해서 설명합니다. 목적을 이해하지 못한 사람은 단지 자기가 하고 있는 과업들이 무슨 상태인지만 이야기합니다. 전체 구조와 목적을 자기 일과 연결시키지 못하는 것이죠.

다만 책임의 측면에서는 하기로 한 일을 안 한 것과 그 일을 해야 하는지 몰랐던 것은 다릅니다. 애초에 그 사람이 해야 할 일인지 모호하면 책임을 묻기 어렵습니다. 누구의 책임도 아닌 영역에서 문제가 발생하면 일의 구조가 잘못된 것은 아닌지 다시 생각해 보아야 합니다.

Q: 관리를 하다 보면 계속 사람들에게 이것저것 물어보고 지시하다 지치게 됩니다.

사람들이 당신 말을 따르게 만드는 데 집착하면 안 됩니다. 사람들이 당신을 이해하게 만들어야 하고, 당신도 역시 사람들을 이해해야 합니다. 당신이 하는 이야기를 사람들이 그대로 따르면 좋겠다는 생각이 들 때가 있을 것입니다. 사람의 욕망이 그렇기도 하고, 그렇게 일하는 것이 더 효율적인 것처럼 보일지도 모릅니다. 하지만 독재적인 의사결정 방식은 반드시 큰 대가를 치르게 됩니다. 사람들이 당신에게 의존하게 되고 성장이 정체됩니다.

Q: 일이 제대로 안 될 때는 어떻게 하는 것이 좋을까요?

일이 잘못되었을 때는 두 가지 차원의 논의가 이루어져야 합니다. 첫째는 왜 이런 결과가 나왔는지에 대한 구조 차원의 논의입니다. 두 번째는 이미 벌어진 일에 대해 어떻게 처리할 것인지 논의하는 것입니다. 대부분은 두 번째 이야기만 하고 지나가는데 이건 마이크로매니징입니다. 관리자가 문제의 뒤처리 역할을 맡다 보면 직원들의 생각하는 힘이 사라지고 다음에도 실수해도 괜찮겠지 여기게 됩니다. 만약 문제가 시급한 상황이라 누가 무엇을 해야 할지 일일이 지시해야 하는 상황이라면 왜 당신이 그런 지시들을 내리는지 설명하면서 교육의 기회로 삼아야 합니다.

만약 누군가가 자신이 맡은 일을 기한 안에 끝마칠 수 없다면 다른 사람이 묻기 전에 먼저 그 사실을 알려야 합니다. 문제가 생길 것 같으면 즉시 이야기하도록 팀원들에게 요구하세요. 조직이 돌아가는 데 매우 중요한 원칙입니다. 반대로 맡은 일을 다 했는데 누군가 물어볼 때까지 기다리는 사람도 있습니다. 다 했다고 이야기하면 다른 일이 주어질 것 같아서죠. 이건 항상 동기화되어 있어야 한다는 원칙에 어긋납니다.

그리고 누군가가 잘못한 것이라면 책임을 물어야 합니다. 그 사람과, 당신과, 조직 전체를 위해 책임 소재를 명확히 하는 것이 좋습니다. '좋은 게 좋은 거다'라는 기준은 결국 모두에게 해를 끼칩니다. 처음부터 누가 책임자인지 명시하세요. 사람들에게 무엇을 기대하는지 분명하게 밝혀야 하고, 각자가 맡은 책임이 명확해야 합니다. 두리뭉실하게 '우리'가 이걸 해야 한다고 말하는 것은 좋지 않은 습관입니다.

Q: 자율적으로 일할 수 있도록 팀원에게 일을 위임하고 싶은데 왠지 불안합니다.

누구에게 무엇을 맡겨도 되겠지 어림짐작하면 안 됩니다. 사람을 파악하고 믿을 만한지 판단하는 데는 시간이 걸립니다. 그 사람이 이 일을 할 수 있는지 신뢰가 없는 상태에서 일을 위임하는 것은 피해야 합니다. 그래서 팀원들의 강점과 약점을 파악해 두는 것이 중요합니다.

입사한 지 얼마 안 된 사람 중에 자신에게 중요한 일을 맡기지 않는 것을 역량에 대한 공격이나 심지어 모욕으로 받아들이는 경우가 있습니다. 충분히 믿을 만한지 검증이 될 때까지 위임하지 않는 것이 당연합니다.

■ 출처

• 레이 달리오 지음, 고영태 옮김, 『원칙』, 한빛비즈
• Robert Kegan, Lisa Laskow Lahey, *An Everyone Culture*, Harvard Business Review Press
• 페이스북 참조: How to Build A Company Where the Best Ideas Win Out
• 테드 강연 참조: How to build a company where the best ideas win

너와 나는
다른 시간을 달린다

경영의 묘미 중 하나는 회사에 적용하던 원리를 개인의 삶에 응용할 수 있고, 개인에 적용하던 원리를 회사 운영에 쓸 수 있다는 것이다. 시간 관리도 마찬가지다. 시급성과 중요성의 매트릭스를 떠올려보자. 이 매트릭스의 이름은 '아이젠하워의 시간 관리 ABC 법칙'이다.

	시급함	시급하지 않음
중요함	A형 : 가급적 빠르게 처리한다	B형 : 기한을 정해서 순차적으로 처리한다
중요하지 않음	C형 : 가급적 위임하고 축소한다	휴지통 : 최대한 휴지통에 버린다

이 방법은 개인의 시간 관리뿐만 아니라 팀이 집중해야 할 일을 정하는 데도 활용할 수 있다. 여기서 키는 B형을 위한 충분한 시간을 확보하는 것이다. 팀원들은 보통 시급한 A형과 C형에 매달려 있기 마련인데, B형의 업무가 충분한 관심을 받지 못하면 회사의 미래 먹거리가 위협받을 수 있다.

B형의 대표적인 예로 신규 고객 발굴을 들 수 있다. 기존 계약의 데드라인을 지기느라 모두들 A형과 C형 업무에 허더거리고 새로운 고객을 발굴하지 않으면, 회사의 실적은 늘 그대로이고 기존 고객을 하나 잃을 때마다 회사가 휘청거릴 것이다.

무엇이 조직에서
중요한 일인가?

누구나 알 만한 프레임이지만 한 가지 짚고 넘어갈 부분은 '중요함'의 정의가 무엇인가 하는 점이다. 누군가 당신의 인생에서 무엇이 중요한지를 묻는다면, 아마 당신의 꿈이나 추구하는 가치, 미래 계획, 가족과의 약속 같은 것들을 기준 삼아 대답할 것이다.

조직도 마찬가지다. 조직에서 중요한 것은 팀/회사가 존재하는 목적과 연관된 것이나, 일의 구조에서 성과를 내는 핵심요소 혹은 병목요소가 되어야 한다. 정말 그런가? 보통 조직에서 시급한 것은 윗사람

· 어서 와, 리더는 처음이지?

이 시킨 일이다. 중요한 일은 '그 윗사람이 얼마나 위에 있는 사람인가'에 따라 결정된다.

어떤 해외 법인 A의 판매 데이터를 분석하는 프로젝트를 맡고 있었는데, 하루는 본사에서 연락이 왔다. 지금 하고 있는 프로젝트의 분석 모델을 적용해서 해외 법인 B의 데이터를 분석하는 것이 가능한지 알아봐 달라는 것이었다. 데이터 분석은 가용한 데이터가 어떤 상태인지에 따라 무에서 다시 시작하는 것과 마찬가지인 경우가 많다. A와 B는 지구 반대편에 있는 나라였고, 상대적으로 데이터가 잘 갖춰진 A에 비해 B는 쓸 수 있는 데이터가 많지 않고 정합성도 좋지 않았다.

B는 분석하기 쉽지 않을 것 같다고 솔직한 의견을 이야기했는데, 요청이 그 이후로도 이어졌다. 막판에는 예측 정확도가 떨어져도, 뭐라도 만들어 달라는 수준이었다. 발주의 배경을 알아보니, B 법인 법인장이 사장님 친구이고, 사장님이 도와주겠다고 했다는 것이다. 시스템이 얼마나 비즈니스에 도움이 되는지는 사실 중요하지 않고, 시스템을 만들어 줬다는 사실 자체가 중요한 것이었다.

수직적인 조직에서는 일의 의미나 구조보다는 윗사람이 시킨 일이 시급하고, 중요한 일이다. 조직의 리더라면 팀이 존재하는 이유와 일이 되는 구조를 생각하면서, 무엇이 정말 중요한 일인지 정의 내릴 수 있어야 한다. 위에서 내려온 일들에 중요한 일이 묻히지 않도록 팀원들의 시간을 지켜줘야 한다.

경영학 교과서나 신문만 보더라도 경영진이 단기 실적에 급급해서 장기적인 성과를 위한 투자를 하지 않아 회사가 어려워졌다는 스토리를 들을 수 있다. 이기적인 경영진이 회사를 망쳤다는 이야기에 혀를 차면서도 자기 윗사람 앞에선 똑같이 행동한다. 단도직입적으로 이야기하자. 만약 당신이 젊은 리더라면, 임원이나 사장들보다 당신이 회사를 오래 다닐 것이다. 단, 그것은 당신이 맡은 조직의 미래를 준비했을 때의 이야기다. 일단 미래에 회사가 존재해야 오래 다닐 것 아닌가?

관리자의 일정,
실무자의 일정

ABC 법칙이 누구나 들어본 적 있는 널리 알려진 프레임이라면, 리더가 꼭 알아야 하지만 대부분의 사람들에게 생소한 시간 관리 프레임이 더 있다. 바로 관리자의 일정과 실무자의 일정 문제다.[11]

실무자의 일정이란 개발자가 실제 코딩을 하는 시간처럼 무언가를 만드는 시간, 즉 실제 업무의 시간이다. 관리자의 일정은 관리하는 시간이다. 무작위로 들어오는 임시 보고들을 비롯해서 일일보고, 주간회의, 월말 워크숍 같은 정기 보고들이 모두 관리자의 일정이다.

---

11 이 문제는 실리콘밸리 VC인 Y Combinator의 Paul Graham 블로그를 참고했다.

어서 와, 리더는 처음이지?

왜 시간(time)이 아니라 일정(schedule)이라 표현했을까? 단순히 시간의 양이 중요한 것이 아니기 때문이다. 이 시간들이 어떻게 배치되어 있는지(일정이 어떻게 구성되어 있는지) 또한 매우 중요하다.

경험상 실무자의 집중력 혹은 생산성은 일하는 시간 대비 다음과 같은 모습을 보인다.

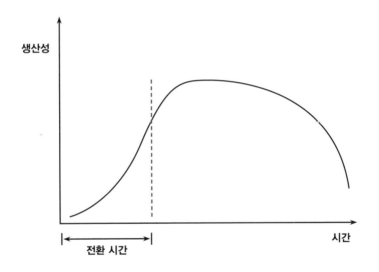

일을 처음 시작할 때는 몰입하는 데 필요한 전환 시간(transition time)이 있다. 이 시간이 지나면 비로소 집중해서 일할 수 있는 시간이 오는데 이때가 생산성이 가장 높다. 그런데 너무 오래 일하면 집중력에 한계가 온다.

실무자가 결과물을 제대로 만들려면 전환 시간이 아니라 실제 일하는 시간이 길어져야 한다. 문제는 한번 일을 시작했다가 중간에 흐름이 끊기면 다시 일을 시작할 때 또 전환 시간이 필요하다는 것이다.

뒷부분에는 일종의 냉각 시간(cool down time)이 있는데, 이 시간은 너무 오래 일해서 지쳤을 때도 오지만, 곧 내가 일할 수 있는 시간이 끝날 것임을 알고 있을 때도 발생한다. 예를 들어, 30분 후에 미팅이 있다는 것을 알면 보고서를 작성하던 사람은 새 페이지를 그리기 시작하지 않을 것이고, 개발자도 새 모듈을 코딩하지 않을 것이다. 중간에 끊길 것을 알고 있기 때문이기도 하고, 다음 미팅 준비도 머릿속으로 해야 하기 때문이다.

본질적으로 실무자는 방해받지 않는 덩어리 시간이 필요하다. 실무자에게 일정 변경은 독약이다. 만일 2시에 상사와 미팅이 있었다고 해보자. 실무자는 점심시간부터 일에 집중하지 못한다. 그런데 한 시 반쯤 되어 상사가 갑자기 이전 일정에 문제가 생겼다며 3시에 보자고 연락이 온다. 실무자에게 한 시간 반 남짓한 시간이 새로 주어졌지만 제대로 무언가를 작업하지 못할 것이다. 전환과 냉각 시간을 빼고 한 시간도 채 안 될 이 덩어리는 무언가를 시작하기에 애매하다. 기껏해야 밀려둔 경비 정산 같은 행정 잡무를 처리하거나, 중요하지 않은 작은 덩어리 하나를 작업할 수 있을 것이다. 이런 시간에는 자기가 해야 할 일 중 가장 어렵고, 혁신이 필요하며, 동시에 가장 중요한 일은 손도 대

· 어서 와, 리더는 처음이지?

지 못한다. 이렇게 귀중한 반나절이 또 지나간다.

관리자의 시간표다. 관리자는 업무의 대부분이 보고 받은 자료를 리뷰하거나 사람들을 모아놓고 회의를 하는 것이다. 이 문제를 처음 언급한 폴 그래엄(Paul Graham)은 이를 통솔의 일정(Schedule of Command)이라 표현했다. 일을 시키고, 결과물을 보고 받는 사람들이다. 관리자는 시간을 최대한 잘게 쪼개어 될 수 있는 대로 많은 미팅을 가지는 것이 자신의 시간을 효과적으로 사용하는 것이라 생각한다. 이들에게는 일정의 변경이 수시로 있는 일이고, 그리고 일정이 바뀌는 것에 별 스트레스도 받지 않는다. 심지어 직급이 올라가면 이런 세팅

마저 비서나 부하직원이 알아서 해준다.

일정표에 적응이 된 사람들은 전환 시간도 거의 필요하지 않다. 본인은 보고자가 아니고 듣는 입장이기 때문에 일단 만나서 들어보고, 생각은 들으면서 해도 된다고 생각한다. 냉각 시간도 필요 없다. 미팅 시간이 끝나면 서둘러 마무리하고, 또 다음 미팅으로 이동한다.

시간 관리에 대한 자기계발서나 여러 가지 플래너들이 별 도움이 되지 않는다고 느꼈다면, 아마 관리 스킬의 문제보다 우선 일정의 차이 문제일 수 있다. 경험상 자기계발서나 플래너들은 관리자의 일정을 사는 사람을 위한 경우가 많다. 실무자는 관리할 일정이 그리 많지 않다. 해야 할 업무의 수는 그리 많지 않지만, 업무 하나하나가 진득이 앉아 시간을 들여야 하는 경우가 대부분이다. 실무자가 30분 단위로 일정이 쪼개진 플래너를 사서 칸을 촘촘히 채우며 시간 관리를 하려고 하면, 곧 '내가 하는 일이 이렇게 없나' 자괴감에 빠질 것이다.

실무자와 관리자로 분류했지만, 신입사원이 아닌 이상 대부분의 사람들은 회사에서 실무자면서 동시에 관리자로 일한다. 결국 시간 관리의 첫 시작은 내가 업무 시간의 몇 퍼센트를 관리자의 일정으로 보내고 있으며, 몇 퍼센트를 실무자의 일정으로 보내고 있는지를 파악하는 것이다.

실무자의 시간을
빼앗지 마라

실무자가 실무자와 같이 일할 때는 별문제가 발생하지 않는다. 관리자가 관리자와 미팅을 하는 것도 별문제가 없다. 문제는 관리자가 실무자들을 모아놓고 미팅을 할 때 일어난다.

실무자는 덩어리 시간이 필요하다. 관리자는 시간을 분 단위로 쪼개 쓴다. 관리자는 미팅 순서를 자유자재로 바꾼다. 실무자는 미팅 시간이 바뀌면 난처하다. 실무자는 자리에 오랫동안 앉아서 아웃풋을 내야 한다. 관리자는 미팅 자체가 본인의 아웃풋이라 생각한다.

대부분의 조직들은 직급이 올라갈수록 관리자가 된다. 경영진 차원에서 무언가 제도적 장치를 만들어 놓지 않으면, 시간이 흐를수록 엔트로피가 증가하듯이 회사에 미팅은 기하급수적으로 증가한다. 횟수만 증가하는 것이 아니라 주간 영업회의, 월간 마케팅 회의 등이 정례화되는데, 이런 정기 미팅을 주최한다는 것 자체가 관리자의 성과이자 권한으로 인식되기 때문이다.

미팅이 늘어 갈수록 실무자가 실제로 일할 수 있는 시간은 없어진다. 실무자들에겐 단순히 '업무 시간 – 미팅 시간 = 일할 수 있는 시간'의 공식이 성립하지 않는다. 아무리 짧은 미팅이어도 무언가 내 일할 시간의 중간에 치고 들어오는 순간, 그날의 아웃풋은 반토막 난다. 여

기서부터 회사가 관료화되는 최악의 순환 고리가 시작된다.

이 상태로 일 년 정도 지내고 나면 실력 있는 실무자는 회사를 떠나고 관리자만 남아 서로를 비난하며 사내 정치에 열을 올리고 있을 것이다.

미팅에 대한 원칙

많은 회사들이 미팅 규칙을 만든다. 미팅 전에 미리 내용을 보고 참석하자, 꼭 필요한 사람들만 참석하

· 어서 와, 리더는 처음이지?

자, 미팅 시간을 정해 놓고 타임키퍼를 두자 등. 그런데 잘 안 지켜진다. 실무자가 실무자와 하는 회의와 관리자가 실무자와 하는 회의, 관리자와 관리자가 하는 회의는 그 성격이 모두 다르기 때문이다. 그런데 회사에 한 가지 회의 규칙을 정해 놓고 일률적으로 맞추라고 하니 회의 규칙을 지키기 어렵다.

중요한 것은 미팅을 시작한 뒤에 벌어지는 일들이 아니라 애초에 그 미팅을 왜 해야 하느냐이다. 미팅을 아무리 효과적으로 해도 엄한 시간에 미팅을 했다는 사실 자체가 실무자의 능률을 떨어뜨리기 때문이다. 이 관점에서 폴 그래엄의 조언이 유효하다. 관리자가 실무자와 미팅을 잡으려거든 최대한 업무 시간의 앞이나 끝(출근 시간 혹은 퇴근 시간 가까이)에 잡고 중간에 치고 들어가는 미팅이 있으면 안 되며, 미팅은 될 수 있으면 특정 요일에 몰고 가급적 한 번도 미팅이 없는 날의 비율을 높여야 한다. 하루에 한 시간씩 미팅하는 것보다 미팅을 하루에 몰아서 그날을 날려버리고 4일의 미팅 없는 날을 만들어 주는 것이 실무자에게는 효율적이다.

회사 차원의 원칙을 만들지 않으면 관리자들은 자기 직급을 믿고 자기 시간표 빈칸에 아무렇게나 미팅을 잡는다. 이런 만행은 회사 차원에서 막아야 한다. 관리자가 언제 실무자들과 미팅할 수 있으며 언제 할 수 없는지, 관리자의 일정이 갑자기 바뀌면 실무자들은 어떻게 해야 하는지 구체적인 가이드라인을 만들지 않으면 관리자는 끊임없이 실무자들과 간섭한다.

당신이 리더라면 부하들에게 해줄 수 있는 선물이 있다. 일단 최대한 미팅을 잡지 않는 것이다. 그리고 쓸데없는 타부서 회의에 끌려가지 않도록 막아 준다. 온갖 보고와 회의를 잡아놓고 주 52시간 이상 근무하지 않게 주의하라는 것은 집에 가서 일하란 이야기다. 지금 당장 다이어리를 펼쳐 보고 이번 주에 어떤 미팅이 잡혀 있는지 살펴보라. 반드시 필요한 게 아니라면 취소하자. 부하들이 기뻐할 것이다. 이왕이면 저녁 회식도 취소하거나 점심으로 옮긴다.

관리자와
실무자의 비율

관리자와 실무자 간의 일정 차이도 문제지만, 좀 더 근본적인 사람에 대한 이슈를 고민해야 한다. 당신의 회사에는 실무자와 관리자의 비율이 어느 정도 될까? 말했듯이 직장인 대부분은 자기 시간의 일정 비율을 관리자와 실무자 양쪽으로 나눠서 쓴다. 회사 직원들의 시간 사용을 관리자의 일정과 실무자의 일정으로 나눠서 생각해볼 필요가 있다.

아마도 스타트업은 실무자의 일정 비율이 높을 것이고, 중견기업, 대기업으로 갈수록 관리자의 일정 비율이 높을 것이다. 비율에 관한 정답은 없다. 앞장에서 언급했던 일의 관리도 분명 필요하고, 사람에 대한 관리도 필요하다. 다만 관리를 위한 관리, 미팅을 위한 미팅의 시간이 늘어나는 것을 주의해야 한다. 관리자의 일정이 과도하게 높다면 이 회사는 성과를 내는 것보다 시간을 관리하는 회사가 되고, 신사업이나 혁신은 기대하기 어려운 조직이 된다.

이 논의를 라인과 스텝 인원수 비율로 너무 간단하게 생각해서도 안 된다. 이전 직장에서는 숫자를 관리하면서 스태프 인원을 줄이고 라인 인원을 늘리려고 했는데, 문제의 본질은 몇 안 되는 스태프 관리자들이 실무자들의 시간을 다 쪼개 놓는 것이었다. 스태프가 관리라는 명목 하에 라인 일하는 것을 방해하지 못하도록 스태프 인원을 줄였는데, 스태프는 관리자의 비율이 더 높아지고 애꿎은 대리, 과장들만 라인으로 배치되었다. 관리해야 하는데 손발이 없어진 스태프 관리자들은 성과를 내야 하니 라인에 있는 실무자들을 불러모으며 더 닦달하기 시작했다.

100퍼센트
관리자?

업무 시간 전부를 실무자의 일정으로 보내는 사람들은 존재하며 조직에서 반드시 필요하다. 반대로 100퍼센트 관리자들은 회사에 따라 존재할 수도, 존재하지 않을 수도 있다. 스타트업은 단언컨대 관리자가 필요 없다. 그런데 중견기업, 대기업을 보면 100퍼센트 관리자를 심심찮게 볼 수 있다. 직급이 올라갈수록 실무에서 멀어지며 자기 밑의 사람관리, 성과관리만 하면 된다고 믿으니 어느 선을 넘으면 본인이 스스로 만드는 아웃풋이 0이 되는 것이다. 조직마다 다르지만 임원은 상당수 이 부류에 속하며, 부장 중에도 꽤 있다.

100퍼센트 관리자들에게 본인의 과업, 혹은 아웃풋이 무엇이냐고 물으면 조직관리, 의사결정을 내리는 것, 대외 네트워크 관리라 말할 것이다. 물론 그럴 수 있다. 하지만 100퍼센트 관리자가 회사에 존재할 수 있다는 사실이 직원들에게 주는 메시지가 크다. 어떤 사람은 '나도 때가 되면 저 위치에 올라야지' 생각할 수 있고, '저 사람은 대체 뭘 하면서 월급을 받는 거지?' 불만을 가질 수 있다.

관리는 일종의 전염성이 있어서, 나도 관리만 하고 아웃풋이 없어도 된다고 생각할 수 있다. 내 경험담이다. 100퍼센트 관리자는 관리 천국을 만드는 데 파급력이 크다. 이 상태가 지속되다 보면 하는 일은 미팅밖에 없는데 미팅 자료도 직접 못 만드는 임원들이 조직에 퍼져 나간다.

관리자의 일정이 대부분인 사람, 혹은 100퍼센트인 사람을 어느 선까지 허용할 것인지에 대한 정책적인 판단이 필요하다. 이 판단을 하려면 CEO 본인이 혹시 그런 사람이 아닌지 되짚어 봐야 한다.

관리자를 어떻게
평가할 것인가?

　　큰 기업에 100퍼센트 관리자가 존재하는 이유로 관리자의 평가 이슈가 있다. 성과가 명확하다는 영업직도 어느 수준이 되면 본인이 직접 영업하지 않고 자기가 맡은 조직의 영업 성과가 곧 자신의 것이 된다. 이 상황을 방치하면 부하직원을 통해 자신의 성과가 달성되는 상황이 되고, 곧 정기/비정기 실적 미팅들을 잡을 것이다.

　　관리자의 일정이 대부분을 차지하는 직책을 인정하기로 했다면, 이 사람이 회사에 주는 가치가 무엇인지를 당사자와 조직 전체에 명확히 해둘 필요가 있다. 정말 중요한 의사결정을 내리고 그 결정에 책임을 지는 사람인지, 외부 이해 관계자와의 관계에 핵심이 되는 사람인지. 적어도 이 사람이 하는 일이 밑에 직원들을 쪼아서 조직의 숫자를 맞추는 것이 전부가 아님을 보여주어야 한다. 그리고 그 부분은 조직의 실적과 별개로 놓고 판단이 필요하다. 조직의 성과에 관리자의 성과가 묻어가게 만들어 놓는 것은 관리 천국을 방치하는 지름길이다.

일본의 인재 양성 전문가인 이가 야스요는 맥킨지에서 컨설턴트로 5년, 인사 담당 매니저로 12년간 근무했고, 2011년 독립하여 인재 양성 및 조직 운영에 대한 컨설팅에 집중하고 있다. 저서로 『채용기준』과 『생산성』이 있는데, 우리나라에는 『생산성』이 출간되었다.

Q: 한국에서도 비효율적인 회의 문제가 심각합니다. 어떻게 하면 회의시간을 줄일 수 있을까요?

생산성이 떨어지는 회의는 시간이 오래 걸리는 회의가 아니라 결정해야 할 것이 결정되지 못하는 회의를 말합니다. 시간 단축뿐 아니라 어떻게 하면 의견을 자유롭고 활발하게 교환할 수 있는지, 일정 시간 안에 의사결정이 완료될 수 있는지 다양한 방법이 필요합니다.

회의시간에 가장 생산성이 떨어지는 일은 자료를 준비한 사람이 그 자료를 설명하는 데 쓰는 시간입니다. 대부분 자료 작성자에게 설명 시간을 주는 것은 준비한 담당자에 대한 보상입니다. 오랜 시간 들여 만들었을 테니 발표할 시간을 주자는 생각 때문에 2분에 읽을 수 있는 자료를 10분 들여서 설명하도록 허락하는 셈입니다. 자료 설명을 금지하는 것만으로도 생산성은 크게 나아집니다.

물론 회의를 서서 하거나 자료의 장수를 제한하는 방법도 회의시간을 줄이는 효과가 있습니다. 더 중요한 목적은 회의시간을 줄이는 것이 아니라 회의의 생산성을 높이는 일입니다.

Q: 회의의 생산성을 높이는 데 또 어떤 것이 도움이 될까요?

회의의 생산성을 높이기 위해서는 아웃풋을 구체적으로 상상하는 것이 효과적입니다. 다만 여기서 말하는 아웃풋 이미지란 '어젠다 리스트'와는 다릅니다. 예를 들어 'OO 프로젝트 예산 건'이 어젠다라면, 어떤 사람은 회의에서 예산을 정한다 생각하고, 다른 사람은 우선 여러 의견을 내놓는 자리라 생각합니다. 참가자들의 목표가 다르면 토론이 되지 않습니다.

대부분의 회의 달성 목표는 결단할 일, 아이디어 리스트를 만드는 일, 정보를 공유하는 일, 합의하는 일, 일의 순서나 역할 분담 등 다음 단계에 할 일을 정하는 일 중 한 가지입니다. 따라서 각각의 목적별로 가장 생산성이 높다고 생각되는 회의 방법을 유형별로 만들어 두면 도움이 됩니다.

Q: 결론이 안 나는 회의들은 무엇이 문제일까요?

의사결정자가 모두 참석했다는 전제하에 회의에서 결론이 나지 않는 경우는 크게 두 가지입니다. 논리가 명확하지 않았거나 데이터가 충분하지 않은 경우입니다. 흔히 '정보가 부족해서 결론이 나지 않았다'고 이야기하지만, 상당수는 정보가 아니라 논리가 부족했던 것입니다.

논리가 문제인데 '정보가 부족해서 의사결정을 내리지 못했다. 그러므로 다음 회의까지 더 많은 정보를 모아 오자'라고 마무리하면 회의를 계속 열어도 아무것도 결정되지 않습니다. 논리는 있지만 정보가 부족한 경우라면 다시 회의를 할 필요가 없습니다. 논리만 합의해 두면 자동으로 정할 수 있기 때문입니다.

예를 들어 '엔이 1달러에 120엔보다 오르면 엔화를 매각한다'는 논리를 생각해 봅시다. '오늘 환율은 1달러에 119엔이다'라는 정보가 있으면 '오늘은 엔화 매각을 예약한다'는 결정을 내릴 수 있습니다. 만약 회의 당시에 그 정보가 없었더라도, 담당부서에 '119엔대에 들어 있으면 엔화 매각을 예약하고, 그렇지 않으면 매각하지 말도록' 지시하면 그만입니다.

Q: 몇 사람만 이야기하고 나머지는 듣기만 하는 회의가 많습니다.

우선 자리 배치를 생각해볼 수 있습니다. 직급 순서대로 앉아 있는 배치라면 직급이 낮은 사람은 침묵할 수밖에 없지요. 부서별로 자리를 배치하면 직급과 상관없이 자기 부서의 이익을 의식한 발언이 늘어납니다. 대신 부서 간의 대립 구도로 가는 것은 주의해야 합니다. 또 테이

블이 있으면 자료를 보면서 이야기를 듣는 사람이 늘지만, 의자만 있는 회의실에서는 서로의 눈을 보며 말하게 됩니다. 토론을 해야 하는 회의라면 도움이 되는 배치입니다.

롤플레잉(role-playing)을 활용하는 것도 좋은 방법입니다. 참석자 중 한 명에게 일부러 반대 의견만 내는 역할을 맡긴다든지, 거래처 사장, 거래처 영업부장, 거래처 기술부장 역할 등을 맡기면 모두가 자기 역할을 연기하면서 고객의 관점에서 검토할 수 있습니다.

■ 출처

• 이가 야스요 지음, 황혜숙 옮김, 『생산성』, 쌤앤파커스

논란의 그 단어,
'워라밸'

'워라밸'. 언론에서 하도 많이 언급하는 단어라 한 번쯤은 들어보았을 것이다. 워크 앤 라이프 밸런스(Work and Life Balance)의 약자로 일과 삶의 균형을 맞춘다는 뜻의 신조어다. 서서히 유행하기 시작하더니 『트렌드 코리아 2018』에서 키워드로 꼽으며 화두가 되었다.

일과 삶의 균형이라는 뜻의 이 단어는 보통 '앞으로 나 칼퇴하리라'라는 뜻으로 쓰인다. 팀원들이 이 단어를 쓰면 상사들은 긴장한다. 그럴 만도 하다. OECD에서 발표한 '2017 고용동향'에 따르면 우리나라의 1인당 평균 노동시간은 2,069시간으로, OECD 회원 35개국 중두 번째로 노동시간이 길다. 평균 1,764시간보다 305시간 더 일한다. 반면 시간당 노동생산성은 28.9달러로 28위다. 평균 46.7달러의 62

퍼센트밖에 되지 않는다. 우리는 시간에 비하면 돈을 적게 받고, 생산성에 비하면 돈을 많이 받는 나라의 노동자다.

어떤 직업은 시간당 산출물이 어느 정도 일정하기 때문에 시간당으로 임금을 받는 것이 맞다. 하지만 소위 말하는 지식노동자는 시간당 산출물이 일정하지 않기 때문에, 논리적으로는 얼마만큼의 성과를 냈는지에 따라 임금을 받아야 한다. 그렇다면 지금 우리는 임금을 많이 받는 것일까, 적게 받는 것일까?

몸은 사무실에 있지만 전혀 생산적이지 않은 시간들이 있다. 앞서 언급한 관리자와 실무자의 일정 문제로 낭비되는 시간들이다. 할 일을 마쳤는데 집에 못 가는 상황도 있다. 내 일이 먼저 끝났으니 동료의 일을 도와주는 것이 직장인의 의리이자 미덕이라 치자. 그런데 동료의 일도 다 끝났는데 단지 상사가 사무실에 아직 남아 있다는 이유로 집에 못 가는 건 조직의 패악이다.

회식은
근무의 연장이 아니다

회식은 직장인을 괴롭힌다. 우리나라의 회식 문화는 전 세계적으로 악명이 높다. 세계보건기구의 연구[12]

---

12 World Health Organization, Global Status Report on Alcohol and Health, WHO

에 의하면 우리나라 성인 남성은 연평균 21리터의 알코올을 마신다. 소주를 21리터 마신다는 뜻이 아니라 마시는 술에 포함된 순수 알코올의 양이 21리터라는 뜻이다. 우리나라 남성보다 술을 많이 마시는 국가는 러시아, 우크라이나, 루마니아 등 독주를 즐겨 마시는 국가들밖에 없다.

식사를 함께하는 것은 사람과 사람이 함께 일하는 데 중요한 요소이다. 그런데 선약이 있는데 상사 기분에 따라 갑자기 회식을 잡는다든지, 회식에 참석하지 않거나 일찍 가려는 사람에게 눈치를 줘서 팀워크가 다져질까? 회식 시간을 공지해 놓고 그날 못 오는 사람이 있으면 전부 올 수 있는 날로 회식을 옮기라는 상사는 과연 직원들을 배려하는 걸까, 괴롭히는 걸까?

이런 사람들이 꼭 하는 이야기가 '회식도 근무의 연장선'이라는 것이다. 회식은 근무의 연장이 아니다. 업무상 중요한 이야기를 하려면 술집이 아니라 사무실에서 정식으로 면담해야 한다. 평소에 팀원들에게 하기 어려웠던 이야기를 술기운을 빌려 하고 싶은 사람이 있다면 참아야 한다. 서로 감정만 상하고 전달하려던 내용은 하나도 전달이 안 될 것이다. 단합을 위한 회식이라면 점심시간에 하거나 근무시간 중에 다른 활동으로 대체해도 충분하다. 근무시간에 근무를 하고 퇴근 이후에 회식을 하면서 회식도 근무의 연장이라는 논리는 앞으로 점점 받아들여지기 힘들 것이다(아니면 정말 회식에 야근 수당을 주든지).

첫 직장에서는 회식이 자주 있지는 않았지만 회식을 하면 새벽 한두 시가 되는 경우가 흔했다. 두 번째 직장은 회사 회식에서 술을 잘마시지 않아 회식도 거의 없고 늦어도 9시 이전에 회식이 끝났다. 예전엔 술을 싫어하는 사람도 무조건 회식 자리에서는 강제적으로 몇 잔이라도 술을 마셔야 하는 분위기였다면, 이제는 술을 마시지 않겠다는사람들의 의사를 어느 정도 존중하는 것 같다. 쓸데없는 회식과 술자리만 줄여도 워라밸 논란이 줄어들 것이다.

중요한 건 '워', '라'가 아니라 '밸'의 주체다

워라밸에 반대하는 사람들도 많다. 핑크퐁으로 유명한 스마트스터디의 박현우 공동 대표는 "사업의 기복이 심하고 시장 변동에 흔들리기 쉬운 스타트업에서 워라밸은 결코 1순위가 될 수 없다. 스타트업에서 최고의 복지는 개인의 성장과 연봉"이라는 말을 남겼다.[13] 이 기사를 두고 공감하는 댓글과, 대표가 어떻게 저렇게 이야기할 수 있느냐는 댓글이 극명하게 갈렸다.

워라밸은 일(워크)과 삶(라이프)은 구분되어 있으며 하나가 될 수 없

---

13 "연봉 천만 원으로 인생 못 바꾸지만, 스타트업 경험은 인생을 바꾼다", 〈한국경제〉, 2017년 11월 2일

다는 것을 가정한다. 반대로 워라밸에 동의하지 않는 사람들은 '나는 내 일이 좋고 일과 삶의 명확한 경계가 없다'라고 이야기한다. 총 동기 이론을 기억하는가? 직접 동기(즐거움, 의미, 성장)를 가지고 일하는 사람은 워라밸의 필요성을 느끼지 못할 것이고, 간접 동기(사회적 압박감, 경제적 압박감, 타성)로 일하는 사람은 워라밸을 간절히 바라는 게 아닐까 싶다.

워라밸에 대한 논의에서 개인적으로 공감했던 것은 밸런스를 누가 정하느냐가 중요하다는 의견이었다. 일이 즐거운 사람은 오래 일하고도 만족할 것이고, 일에서 의미를 찾지 못하는 사람은 최대한 적게 일하는 대신 회사 밖에서 의미 있는 활동을 찾으려 할 것이다. 오래 일하더라도 그것이 본인의 선택이라면 문제될 것이 없고, 직업 외 활동을 위해 일찍 퇴근하고 싶다면 그렇게 하면 된다. 문제는 일이 즐겁지도 않고 의미도 찾을 수 없는데, 심지어 할 일을 다 마쳤는데도 상사 눈치 때문에 일찍 갈 수 없는 회사들이다. 위에서 언급한 케이스들처럼 내 시간이 낭비되고 있다는 느낌을 주는 회사들 때문에 워라밸 논란이 끊이지 않는 듯싶다.

안타까운 것은 언론에서 워라밸 문제를 다룰 때 근무시간을 줄인다든지, 출근 시간을 자율로 한다든지, 사무실 강제 소등처럼 야근을 어렵게 만든다든지, 워라밸을 시간의 문제로만 프레임 짓는다는 것이다. 시간의 관점에서만 바라보면 아무리 근무시간을 줄여도 워라밸 문제

242

어서 와, 리더는 처음이지?

는 사라지지 않는다. 15~20년 전만 해도 토요일 오전에 출근하는 것이 당연시되었지만 지금은 주5일 근무하는 회사가 대부분이다. '배달의 민족'을 운영하는 우아한형제들이나 신세계는 주 35시간만 근무한다. 그렇다면 주 30시간만 일하면 워라밸 논란이 없어질까?

시간의 관점에서만 바라보면 리더와 팀원 간에, 혹은 세대 간 갈등이 생길 수밖에 없다. 워라밸의 핵심은 시간 자체가 아니다. 시간을 밸런스 하는 주체의 문제다.

■ **직무 설계**

- 우리 팀이 내야 하는 성과는 무엇인가? 목표에 대한 정신모형이 있는가?

- 우리 팀이 목표를 이루려면 어떤 구조가 필요한가?

- 구조가 돌아가려면 어떤 역할들이 필요한가? 각 역할에는 어떤 강점을 가진 사람들이 필요한가?

- 가장 약한 구조의 고리는 어디인가?

- 회사 레벨에서의 구조를 머릿속에 그릴 수 있는가? 그 안에서 우리 팀의 위치는 어디인가? 우리는 어느 팀의 아웃풋을 인풋으로 받아서 어느 팀에 아웃풋을 전달하는가?

- 우리 팀의 구조는 진화하고 있는가? 마지막으로 팀이 함께 구조를 피드백한 적이 언제인가?

- 구조를 고민하는 사람을 키워내고 있는가?

- 리더가 직접 구조를 실행하고 있는가?

■ 잡 크래프팅

- 나는 왜 일하는가? 나에게 일은 생계수단인가, 커리어인가, 소명인가?

- 평소 직접 동기를 강조하는가, 간접 동기를 강조하는가?

- 팀원들은 지금 직접 동기 때문에 일하고 있을까, 간접 동기 때문에 일하고 있을까? 팀원들과 직접 이야기해 본 적이 있는가?

- 우리 팀원들은 게리 하멜이 정의한 인간의 여섯 단계 능력 (복종, 근면, 지식, 추진력, 창의성, 열정) 중에 몇 단계까지 발휘하고 있는가? 왜 그럴까?

- 나는 나의 일, 관계, 그리고 본질을 재정의하고 있는가?

- 나는 팀원들의 잡 크래프팅을 인정하고 장려하는가?

- 우리 팀은 일에만 집중할 수 있는 분위기인가? 팀원들의 동기를 가장 저하시키는 것은 무엇인가?

■ 일의 관리

- 팀원들은 나를 마이크로매니저라고 생각할까?

- 우리 팀이 내야 할 결과물(정신모형)을 머릿속에 그릴 수 있는가? 전체 큰 그림에 대해 팀원들에게도 충분히 설명해 주는가?

- 일을 시킬 때 주로 목적을 설명하는가, 방법을 설명하는가? 내가 생각하는 방법에 집착하지 않는가?

- 내가 틀릴 수 있다는 것을 인정하는가? 팀원들이 내 생각이 잘못되었음을 지적한

다면 받아들일 수 있는가?

- 우리 팀에서 진행되고 있는 일 중 어떤 것에 마이크로매니지가 필요한가? 마이크 로매니지 할 필요 없는 일을 마이크로매니지 하지 않는가?

■ 시간 관리

- 나는 중요한 일과 시급한 일 중 무엇에 집중하는가?

- 내가 생각하는 중요한 일의 기준은 무엇인가?

- 나는 주로 관리자의 일정을 살고 있는가, 실무자의 일정을 살고 있는가?

- 평소에 어떤 식으로 미팅을 잡는가? 미팅 하루 이틀 전에 약속을 잡는가, 직전에 통보하는가?

- 나는 실무자들의 덩어리 시간을 확보해 주고 있는가? 덩어리 중간에 미팅을 잡고 있지 않는가?

- 우리 팀에서 시간을 조정하는 주체는 누구인가? 팀원들이 퇴근할 때나 휴가를 가 면서 혹시 내 눈치를 보지 않는가?

곧 리더가 될 사람들을 위한 마지막 조언

먼저 여기까지 읽어주신 리더 분들께 감사드린다. 책을 마무리하며 두 가지 조언을 드리려 한다.

첫 번째는 리더는 무엇을 버릴지 고민해야 한다는 것이다. 처음 리더가 되면 열정이 넘치고 하고 싶은 일들이 가득하다. 하지만 리더로 해야 할 일들을 새로 채워 넣기 전에 어떤 습관을 버릴 것인가를 고민해야 한다.

조지아 대학교 공과대학의 동 류(Dong Liu) 교수는 '부서장-팀장-팀원'으로 이루어진 조직에서 안 좋은 리더의 행동이 어떻게 전염되는지를 연구했다. 미국의 자동차 부품 회사의 사람들을 대상으로 조사해 보니, 부서장이 모욕적으로 관리할 경우 팀장 또한 그렇게 행동할 확률이 증가하고 팀원들의 창의성이 떨어졌다.[1] 업무 데이터 분석회사 볼로매트릭스(VoloMetrix)의 분석에 의하면, 관리자가 미팅 중에 이메일을 보내는 등 멀티태스킹(multitasking)을 할 경우 부하도 똑같이 따라 할 확률이 증가했다.[2]

중간관리자는 자신이 무엇을 해도 되고 무엇을 하면 안 되는지 상사들을 보면서 배운다. 마이크로매니저 밑에서는 중간관리자도 마이크로매니징 한다. 소리 지르는 임원 밑에서는 부장도 소리를 지른다. 이 말을 숙고하면 당신이 그동안 싫어했던 상사의 안 좋은 행동들이 당신에게서도 보일 여지가 크다는 뜻이다.

리더가 되었다면 다른 사람을 대하는 버릇, 습관 중에 버릴 것이 없는지 스스로 돌이켜 보자. 처음에는 보이지 않다가 자리에 익숙해진 순간 드러나는 행동들도 있다. 리더가 해야 할 일을 배우는 것도 중요하지만, 그 전에 리더가 해서는 안 될 일을 내가 하고 있지는 않은지 깨닫는 것이 더 중요하다.

이것은 오직 리더의 의지 문제다. 우리나라에는 아랫사람이 윗사람에게 솔직한 의견을 전달할 수 있는 조직이 많지 않다. 360도 평가를

1 Liu, D., Liao, H., & Loi, R., "The dark side of leadership: A three-level investigation of the cascading effect of abusive supervision on employee creativity", ⟨Academy of Management Journal⟩

2 hbr.org/2018/01/if-you-multitask-during-meetings-your-team-will-too

도입한 곳도 있지만 아랫사람의 평가가 윗사람의 전체 평가 결과에 큰 영향을 주지 못하는 경우가 태반이다. 리더로서 좋지 못한 모습을 보이고, 심지어 저 사람 밑에서 일 못 하겠다고 여럿이 퇴사해도 그 상사가 목표 숫자만 어떻게든 채우고 있다면 그 자리에 그대로 두는 꼴을 여러 번 봐 왔다.

안타깝게도 우리나라 조직들은 안 좋은 상사가 본인의 모습을 깨닫지 못하고 계속 그런 방식으로 관리하겠다 마음먹으면 주변에서 쉽게 어쩔 수 없는 구조다. 그래서 본인의 의지가 중요하다. 권위를 휘두르는 상사가 될 것인지, 더 나은 리더가 되기 위해 주변 사람들의 피드백을 열린 마음으로 들을 것인지 본인의 선택에 달려 있다. 그 선택에 따라 팀원들의 직장생활 희로애락이 결정된다.

두 번째로 리더가 무엇을 해야 하는지 리더가 되어 배우면 늦다. 혹시 이 책을 읽으면서 아직 부하직원이 없어서 공감이 덜 된다는 사람이 있다면 지금이 고민을 시작할 때라고 이야기해주고 싶다.

컨설팅 프로젝트 팀의 PM으로 있을 때 일이다. 업의 특성상 우리 부서는 차부장급이 거의 절반이고, 과장이 나머지 30퍼센트, 사원 대리는 20퍼센트였다. 신입사원이 프로젝트 팀의 막내를 벗어나려면 적어도 5년은 걸리고, PM을 맡으려면 10년 가까이 걸리지 않을까 싶다. 그 당시 팀원들과 면담하면서 우리 팀 막내 대리에게 이렇게 말해주었다.

"우리 팀의 인력 구성상 대리님이 프로젝트 막내를 벗어나려면 앞으로 몇 년이 더 걸릴지 몰라요. 밑에 사람을 어떻게 대해야 하는지 밑에 사람이 생긴 다음에 배우면 늦습니다. 회사에서 기회를 얻을 수 없다면 동호회가 되었든 교회가 되었든 회사 외적으로라도 의도적으로 리더 경험을 쌓으세요."

회사에 따라, 또한 부서에 따라 부하직원이 생기는 속도는 천차만별이다. 부하직원이 생긴다면 그 사람을 어떻게 대해야 할지는 일찍 고민해도 이르지 않다. 리더는 저절로 되지 않는다. 미리 준비한 리더와 그렇지 않은 리더는 다르다.

우리나라의 수직적 조직문화와 독단적인 리더십 스타일이 변해야 한다는 이야기를 쉽게 들을 수 있다. 심지어 독단적인 리더 자신도 스스로 조직이 바뀌어야 한다고 이야기한다. 리더가 어떤 일을 하고 어떤 생각을 가져야 하는지 고민하지 않고 리더가 되면 우리의 앞 세대를 답습하게 된다. 군대의 악습이 왜 그렇게 변하지 않는지 생각해 보면 쉬울 것이다.

리더 자리를 맡을 준비를 해왔다고 생각했음에도 수많은 시행착오를 겪으며 직원들이 회사를 떠나는 것을 지켜봐야 했다. 다시 한 번 이야기하지만, 팀원일 때 하던 일을 더 잘한다고 좋은 리더가 되는 것이 아니다. 리더가 해야 할 일은 따로 있으며, 그 일이 무엇인지는 팀원일 때는 잘 보이지 않는다.

팀원이 실수를 하면 일을 그르치지만, 리더가 실수를 하면 사람을 잃는다. 실수를 통해서 더 나은 리더가 되기도 하지만, 이미 많은 사람에게 상처를 주고 좋은 직원들을 떠나보낸 후라면 아쉽지 않을까.

리더에게 추천하는 읽을거리

여기서 소개하는 책들은 리더가 무엇이고 어떤 일을 해야 하는지, 이 책을 쓰는 데 도움을 받은 책의 일부이나. 특히 상상 인터뷰를 구성하는 데 이 책들이 큰 노움이 되었다.

리더십에 관한 책엔 크게 두 종류가 있다. 첫째는 여러 성공한 기업들의 사례를 모아놓고 그 안에서 공통된 원칙을 뽑아 소개하는 책들이다. 두 번째는 성공한 기업인의 생각을 담은 책이다.

첫 번째 부류의 책들은 좀 더 체계적으로 원칙이 정리되어 있지만 주로 교수들이 쓰다 보니 다소 딱딱해 보일 수 있다. 두 번째 부류의 책들은 저자의 인생 스토리가 담겨 박진감 넘치고 사례가 생생하지만 저 사람이 성공한 방식이 꼭 나에게 적용된다는 보장이 없다. 앞서 설명한 운이 성과에 미치는 영향 때문에 성공했어도 자기가 정확히 왜 성공했는지 설명하기가 쉽지 않다. 그리고 애초에 누구나 따라 하기만 하면 100퍼센트 성공할 수 있는 비결이 있을까? 그게 있다면 나라면 책으로 안 쓸 거다. 워런 버핏과의 점심 식사가 345만 달러[1]라고 하는데(연말정산 세금 공제도 된다), 그런 데서나 알려주지 않을까?

---

[1] bit.ly/어서와리더는처음이지_1

두 부류의 책들을 번갈아 읽어보기를 추천한다. 책의 내용을 서로 연결시키면서 읽으면 훌륭한 사고 연습이 된다. 한 가지 주제에 대하여 책마다 저자의 견해가 다른 경우도 있다. 각자가 왜 그렇게 주장하는지 숙고해 보는 것도 흥미롭게 책을 읽을 수 있는 방법이다. 무엇보다 중요한 것은 적용이다. 책 열 권을 읽고 생각만 하는 것보다 한 권만 읽더라도 깨달은 점 한 가지를 적용하는 편이 낫다.

공부하는 데 책이 전부는 아니다. 한 가지 주제를 더 깊게 알고 싶다면 논문을 찾아볼 수도 있고, 유튜브에서 관심 주제의 동영상을 찾아보거나 코세라(Coursera) 등의 MOOC(Massive Open Online Courses)에서 강의를 들을 수도 있다. 책에 대한 소감을 나눈다면 혼자 읽을 때보다 더 다양한 관점을 배울 수 있다. 공부하는 법은 사람마다 다 다르다. 졸업과 동시에 공부와 담 쌓은 사람이 많겠지만, 좋은 리더가 되고 싶다면 자기만의 공부법을 가지고 있어야 한다.

요코타 히데키 지음, 임혜성 옮김,
『회사의 목적은 이익이 아니다』, 트로이목마

일본 경영서 중에는 앞서 이야기한 두 번째 부류의 책들이 많다. 이 책은 결론이 제목에 있다. 질보다 양을 추구하게 된 일본의 조직문화를 아쉬워하며 경영의 목적, 사람을 키우는 것, 그리고 고객 만족에 대해 이야기한다. 정말 이런 회사가 있을까 싶은데 정작 본인은 '너무 당연한 것이어서 새로울 것이 없는 듯하다'라니 아이러니하다.

**이나모리 가즈오 지음, 신정길 옮김, 『왜 일하는가』, 서돌
이나모리 가즈오 지음, 김지영 옮김, 『왜 사업하는가』,
다산북스**

저자가 무려 경영의 신(神) 이나모리 가즈오다. 일의 의
미에 관한 책으로, 기본에 충실할 것을 강조한다. 일본 경
영서들은 경영학 책이라기보다는 철학서 느낌이 날 때가
있는데 이나모리 가즈오의 책들이 특히 그렇다. 『왜 일하
는가』는 우아한형제들 김봉진 대표가 『책 잘 읽는 방법』
에서 본인에게 영향을 미친 책 중 하나로 꼽기도 했다.

**마쓰이 타다미쓰 지음, 민경욱 옮김,
『무인양품은 90퍼센트가 구조다』, 모멘텀**

MUJI의 사장이었던 마쓰이 타다미쓰가 어떻게 기울
어가던 회사를 되살렸는지 그 노하우가 담겨 있는 책으
로, 구조의 중요성을 역설하고 있다. 구조가 무엇인지, 어
떻게 만들고 관리해야 하는지를 배울 수 있다. MUJI는 전
설적인 디자이너 하라 켄야 때문에도 유명하지만, 이 책
을 읽고 나면 아마 성공의 비결이 디자인 때문만은 아니
었구나 생각이 들 것이다. MUJI는 매뉴얼화 할 수 있는
것(운영)과 없는 것(디자인) 모두가 절묘하게 맞아떨어진
사례.

마이클 해머 지음, 박나영·한상석 옮김, 『빨리, 싸게, 멋지게』, 타임비즈

　마이클 해머는 BPR(Business Process Reengin-eering)의 대부다. 조직이 일하는 프로세스를 어떻게 정리하고 비효율을 찾아 개선할지 풍부한 사례와 아이디어가 충실히 정리되어 있다. 프로세스를 어떻게 관리하고 평가할 것인지, 그 과정에서 리더의 역할은 무엇인지까지도 섬세하게 다루고 있다.

피터 센게 지음, 강혜정 옮김, 『학습하는 조직』, 에이지21

　제목만 보면 직원들이 책을 읽고 모여서 교육을 받는 장면이 떠오르지만, 이 책의 핵심은 '시스템 사고'이다. 앞의 책들이 프로세스의 시작부터 끝까지 일차원적으로 흘러가는 구조를 설명했다면, 이 책은 프로세스의 결과가 어떻게 다시 프로세스의 시작으로 피드 포워드(feed-forward)되면서 전체 시스템이 강화되거나 균형에 이르는지 시간 축까지 포함된 관점을 열어준다. 시스템 사고가 일의 진행뿐만 아니라 조직에서 의사결정이 내려지고 사람들이 상호 작용하는 것에도 어떻게 적용될 수 있는지 보여준다.

로널드 A. 하이페츠 지음, 진저티프로젝트 출판팀 옮김, 『어댑티브 리더십』, 슬로워크

제목 그대로 변화 리더십(adaptive leadership)에 관한 책이다. '시스템'과 '자신'을 '진단'하고 '행동'하는 변화 리더십의 매트릭스에 따라 어떻게 급변하는 세상 속에서 번성하는 조직을 만들 수 있을지를 다룬다. 기술적 문제는 현재의 조직 구조와 절차, 업무 방식으로 해결할 수 있지만, 변화 적응적 도전(adaptive challenge)은 사람들의 우선순위, 신념, 습관, 충성심 등의 변화를 통해서만 해결할 수 있다.

윤정구 지음, 『진정성이란 무엇인가』, 한언

이화여대 경영학과 윤정구 교수는 진성리더십 (Authentic Leadership)의 전문가로, 사명에 대해 이렇게까지 강조한 책은 흔치 않다. 진정성, 진성리더, 정신모형 같은 개념을 따라가다 보면 아마 리더의 역할이 무엇인지 이전과 다르게 보일 것이다. 진성리더야말로 리더의 잡 크래프팅의 궁극적인 모습이 아닐까 싶다. 신작 『황금수도꼭지』도 추천한다.

**닐 도쉬·린지 맥그리거 지음, 유준희·신솔잎 옮김,
『무엇이 성과를 이끄는가』, 생각지도**

많은 인사팀 분들이 이 책을 '2017년의 책'으로 꼽았
다. 그만큼 성과와 동기부여에 대한 기존의 인식을 뒤집
는 책이다. 대부분의 조직에서 당연시 여기는 목표 달성
위주의 관리 방식과 성과 연동 인센티브가 어떻게 성과
에 오히려 악영향을 미치는지 보여준다. 속해 있는 조직
의 인사제도와 관리방식에 답답해 하는 사람이 있다면,
본인이 느끼는 감정의 원인을 이 책이 정리해줄 것이다
(그래서 더 좌절하게 될 수도 있다).

**권도균 지음, 『권도균의 스타트업 경영 수업』,
위즈덤하우스**

권도균 대표는 보안 솔루션 회사 이니텍과 전자결제
회사 이니시스를 창업하여 코스닥에 상장시키고 지금은
스타트업 엑셀러레이터인 프라이머의 대표로 있다. 그
동안의 경험을 담아 쓴 이 책은 경영 교과서라 불릴 만하
다. 해외 서적들을 읽다 보면 한국의 문화나 제도에서도
가능할까 의문이 드는 부분이 가끔 있는데, 이 책은 한국
경영자가 쓴 보기 드문 경영학 저술이라 하겠다. 권도균
대표의 SNS를 팔로우하면 촌철살인의 통찰을 확인할 수
있다.

**찰스 오레일리 · 제프리 페퍼 지음, 김병두 옮김,
『숨겨진 힘, 사람』, 김영사**

팀원들을 어떤 관점으로 바라봐야 하는지 고민이 된
다면 이 책을 추천한다. 성과를 내기 위해 필요한 자원
(resource)으로 볼 것인지, 조직의 중요한 자산(asset)으
로 볼 것인지에 따라 어떤 결과가 나타나는지 여러 기업
들의 사례를 통해 배울 수 있다. 2002년에 나온 책이라
사례로 든 기업 중에 익숙지 않은 곳이 많아서 아쉽지만,
인사이트 자체는 아직도 유효하리라 생각한다.

**에드 캣멀 · 에이미 월러스 지음, 윤태경 옮김,
『창의성을 지휘하라』, 와이즈베리**

〈토이 스토리〉 시리즈, 〈인사이드 아웃〉, 〈코코〉 등으
로 유명한 픽사의 사장 에드 캣멀이 쓴 책이다. 본인이 픽
사를 맡기까지의 여정과, 직원들의 창의성을 보호하는
솔직한 조직문화를 어떻게 만들지에 대한 생생한 고민과
경험이 담겨 있다. 마크 주커버그가 2016년 추천도서로
선정했다. 스티브 잡스와 함께 겪었던 일들도 보너스로
들을 수 있다(스티브 잡스는 픽사를 루카스 필름으로부터 인
수했다가 후에 디즈니에 매각했다).

신시아 몽고메리 지음, 이현주 옮김,
『당신은 전략가입니까』, 리더스북

책을 쓰면서 일부러 전략에 대한 이야기를 깊게 하지 않았지만, 리더가 전략에 대해서 읽어야 할 책을 한 권만 꼽는다면 이 책을 추천하고 싶다. 전략 담당자가 보고서를 쓰고 리더는 관리만 하는 것이 아니라, 리더가 직접 기획하고 실행하는 전략의 모습이 어떤 것인지 보여주기 때문이다. 특히 전략바퀴(Strategy Wheel) 개념을 머릿속에 넣어두고, '구조' 장에서 설명한 것과 어떻게 연결되는지 생각해 보기를 추천한다.

리즈 와이즈먼, 그렉 맥커운 지음, 최정인 옮김,
『멀티플라이어』, 한국경제신문

리더십 분야에서 매우 유명한 책으로, 팀원의 역량을 이끌어 내는 멀티플라이어와 팀원을 억누르는 디미니셔의 차이를 사례와 함께 다룬다. 이 책을 쓰기 위해 전 세계 150명 이상의 리더들을 인터뷰하면서 유형을 정리했다고 한다. 앞서 '구조'와 '관리' 장에서 이야기했듯이 본인이 직접 해낼 수 있는 일에 한계를 느끼고 팀원들의 역량을 어떻게 이끌어 낼지 고민이 된다면 이 책을 읽어보면 도움이 될 것이다.

**대니얼 코일 지음, 박지훈 옮김,
『최고의 팀은 무엇이 다른가』, 웅진지식하우스**

대니얼 코일은 원래 재능에 숨겨진 비밀을 파헤친 '탤런트 코드'로 유명한 작가다. 저널리스트답게 최고의 팀이 어떻게 다른지 이론적으로만 접근하는 것이 아니라 네이비실, 구글, 픽사부터 보석 도둑단까지 직접 인터뷰하여 생생한 사례를 들려준다. 뛰어난 조직에서는 신뢰, 협업, 소통이 어떻게 이루어지는지 배울 수 있다.

레이 달리오 지음, 고영태 옮김, 『원칙』, 한빛비즈

브리지워터 어소시에이츠 창립자 레이 달리오가 개인적인 삶의 원칙과 회사 경영의 원칙을 정리한 책이다. 200여 개의 원칙을 인터넷에 공개했으나, 책으로 정리해 출간했다. 레이 달리오의 원칙을 모범답안처럼 따르자는 것이 아니라, 자신만의 원칙 혹은 우리 팀의 원칙으로 소화하는 과정이 필요하다. 주목할 점은 책의 분량이다. 거의 백과사전 두께이기에 레이 달리오도 '필요할 때마다 관련 부분을 찾아보는' 것을 추천했다. 원칙이 일상 업무에서 활용되려면 어느 정도의 디테일을 추구해야 하는지 확인해 보자.

· 어서 와, 리더는 처음이지?

Robert Kegan · Lisa Laskow Lahey, *An Everyone Culture*, Harvard Business Review Press

레이 달리오의 브리지워터, 찰리 킴의 넥스트점프, 디큐리언이라는 세 회사의 사람 중심 문화를 발달심리학 관점에서 풀어낸 책이다. 발달심리학자인 저자는 성장과 피드백에 대해 심도 있게 다룬다. 2016년 6월에 방영된 KBS 스페셜 〈사람에 집중하라〉에서 이 책이 소개되었는데, 정작 방송에서는 넥스트점프와 함께 또 다른 한국계 윌리엄 킴이 이끄는 올 세인츠를 다뤘다. 책에는 방송보다 훨씬 더 깊은 사례와 설명들이 나와 있다.

Patty McCord, *Powerful*, Silicon Guild

페이스북의 COO 셰릴 샌드버그는 넷플릭스의 조직문화 문서를 '실리콘밸리에서 가장 중요한 문서'라고 이야기했다. 그 문서를 만드는 데 기여한 사람이 넷플릭스에서 14년간 인사 업무를 맡았던 패티 맥코드이다. 이 책을 읽어보면 넷플릭스가 어떤 관점을 가지고 조직문화를 만들었는지 엿볼 수 있다. 사실 한국에서 과연 가능할까 싶은 부분도 상당히 많다. 넷플릭스의 일하는 모습과 지금 우리 조직의 모습을 비교해 보자.

TANAGEMENT 소개

우리는 누구나 자신의 잠재력을 발견하고 개발하여, 강점에 맞는 행동과 역할을 할 때 탁월한 삶을 살 수 있다고 믿습니다. '사람은 강점을 통해서만 성과를 낼 수 있다'고 피터 드러커가 강조했듯이 말입니다. 하지만 사람들은 자신의 강점이 무엇인지 잘 모릅니다. 특정 분야에 대한 지식이나 경험은 강점이 아닙니다. 대학

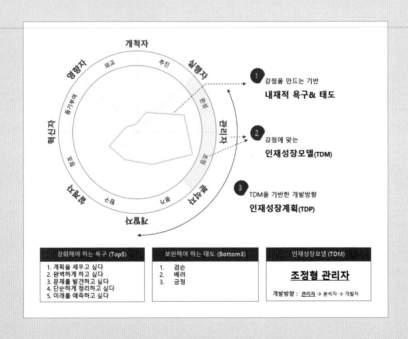

전공과도, 직업과도 다른 개념이기 때문에 본인에게 강점이 있다는 것조차 의식하지 못한 채 타인의 기준에 맞춰 커리어를 선택합니다.

기업 또한 마찬가지입니다. 직원 개개인에게 강점에 맞는 역할을 부여할 때 조직의 잠재력을 실현할 수 있습니다. 하지만 대부분의 조직은 강점을 고려하기보다 그저 빈자리를 채우는 식의 채용, 배치가 일어납니다. 평가와 피드백 제도를 아무리 정교하게 운영한다 한들, 우선 맡은 업무가 강점과 맞지 않는다면 성과의 개선은 일어나기 어렵습니다.

TANAGEMENT 솔루션은 30년 이상 강점에 대해 연구한 글로벌 HR 컨설팅 펌과 함께 협업하여, 2만 명 규모의 비즈니스 현장에서 선발부터 배치, 육성, 유지까지 적용하고 테스트한 결과를 발전시킨 도구입니다.

개인에게는 강점을 만드는 24가지 욕구(drive), 강점을 강화시키는 12가지 태도(attitude), 그리고 욕구와 태도가 비즈니스에서 발현되는 방식인 16가지 인재성장모델(Talent Develop Model)을 발견하고 개발할 수 있도록 도와줍니다. 기업에는 강점기반의 인재 선발, 배치 및 육성을 위한 인재경영 솔루션을 제공합니다. 개인이 탁월하게 일하는 조직을 꿈꾸신다면 TANAGEMENT를 만나 보세요.

- http://tanagement.net
- info@tanagement.net

리더가 된 사람들을 위한 일과 사람 고민 이야기

어서 와, 리더는 처음이지?

1판 1쇄 발행　2018년 7월 13일
1판 5쇄 발행　2021년 9월　1일

지은이　장영학
펴낸이　조윤지
P　　R　유환민
편　집　박은영
디자인　woojin(宇珍)

펴낸곳 ｜ 책비(제215-92-69299호)
주소　(13591) 경기도 성남시 분당구 황새울로 342번길 21 6F
전화　031-707-3536
팩스　031-624-3539
이메일　readerb@naver.com
블로그　blog.naver.com/readerb
페이스북　www.FB.com/TheReaderPress

© 2018 장영학
ISBN 979-11-87400-34-9 (03320)

※ 책값은 뒤표지에 있습니다. 잘못된 책은 구입처에서 교환해 드립니다.